2013

Remerciements de l'auteur :
à Vincenza Berardi et à Nathalie Rose qui, après avoir lu ce livre, m'ont demandé l'autorisation de le traduire en français ;
à Guillaume Lohest, qui a décidé de l'éditer et a exprimé dans l'avant-propos une profonde concordance avec l'idée de décroissance que je soutiens et avec les applications pratiques qui en découlent ;
à Serge Latouche qui, dans sa préface à l'édition française, formule une synthèse de grande consistance théorique.
Je joins à mes remerciements ceux du Mouvement pour la décroissance heureuse, *parce que la tâche critique de ceux qui ont compris la nécessité de construire un paradigme culturel alternatif à la croissance est de créer des liens et des échanges entre ceux qui travaillent dans le même sens. Vous l'avez fait, mais sachez que pour moi, ce n'est qu'un commencement. Je suis convaincu qu'il en est ainsi pour vous aussi.*

Merci à Christine et à Michèle pour leur première lecture encourageante, à Vincenza pour son aide précieuse tout au long de la traduction, à Pierre Ballieux pour sa relecture avertie du manuscrit.

Maurizio Pallante

La décroissance heureuse

La qualité de la vie ne dépend pas du PIB

Traduit de l'italien par Nathalie Rose
Préface de Serge Latouche

Éditions Nature & Progrès

Nature & Progrès
520, Rue de Dave, 5100 Jambes (Belgique).
www.natpro.be

Traduction française : Nathalie Rose
Édition et mise en page : Guillaume Lohest
Couverture : Alain Maes

Deuxième édition
Dépôt légal : D/2013/8981/4
1er dépôt légal dans la collection : 2011
ISBN : 978-2-930386-43-0
Imprimé en Belgique

Ouvrage original :
Maurizio Pallante, *La decrescita felice*

www.librigei.com

LA DÉCROISSANCE ET L'ÉCOLOGIE PRATIQUE, UN MARIAGE INDISPENSABLE

Avant-propos de l'éditeur

Nature & Progrès n'est pas un éditeur comme les autres. C'est avant tout une association de citoyens, producteurs et consommateurs, au service d'une agriculture biologique de proximité, biodiversifiée, respectueuse de l'environnement et des humains, de leurs savoir-faire et de leur santé. *Nature & Progrès Belgique*, indépendante de sa grande soeur française mais fidèle aux mêmes valeurs, s'est dotée de quelques spécificités qui expliquent l'existence de cette traduction. Sensible à des thématiques connexes (écobioconstruction, jardinage biologique, questions environnementales en général), l'association a souhaité éditer ses propres livres et participer à la construction d'une citoyenneté critique par le biais d'une mission que la *Communauté française de Belgique* encourage de façon unique au monde : l'éducation permanente. En deux mots, il s'agit de la mise en place, pour un public adulte, d'activités et d'analyses destinées à éveiller un questionnement critique des citoyens par rapport à la société et à son fonctionnement. Mettre en question les fondements, les mythes peut-être, les habitudes et les apparentes contraintes certainement, de la vie politique, économique, culturelle, à laquelle nous participons.

L'ouvrage que vous tenez entre les mains se situe à la croisée de cet objectif de réflexion critique et des valeurs fondatrices de *Nature & Progrès*. Il est, pour notre association et pour toute personne qui tente de mettre en pratique des comportements plus respectueux de la nature, plus sains, plus logiques tout simplement, une aubaine de choc pour prendre le temps de réfléchir à nos réflexes de pensée et de vie. Quels que soient ceux qui vous animent (consuméristes, écologistes, indifférents, bobos, alternatifs, opportunistes...), *La décroissance heureuse* force à la réflexion. Ce livre est une formidable *secousse critique* qui ne se dérobe à aucun des reproches que les adversaires de la décroissance, avec plus ou moins de subtilité, de bonne ou de mauvaise foi, ont pu lui adresser ces dernières années : caprice de riches, retour en arrière, théorie irréaliste, tue-l'emploi, inaudible par les pays en voie de développement... Le caractère prévisible de ces contre-arguments stéréotypés n'a d'égale que la vigueur des démonstrations de Maurizio Pallante. Parfois un brin caricaturales dans un but pédagogique, pour maintenir l'effet d'électrochoc, elles invitent à ouvrir les yeux sur l'absurdité et donnent goût à la contestation créatrice. Elles appellent, chez tout lecteur conséquent, la nécessité d'éclairer ses actions, son mode de vie et de pensée, par une vision cohérente. Quant à ceux que la lecture de ce livre ne convaincra aucunement, ou qu'à peine – cette possibilité est fragile, mais elle existe et c'est très bien ainsi –, ils se verront obligés d'approfondir le sens de leur existence et d'interroger la pertinence de leurs convictions. A moins d'accepter, comme le dit Maurizio Pallante de façon franche et directe, d'être les « idiots du village global ».

Il est de bon ton, lorsque l'on cultive son potager, que l'on mange bio, que l'on consomme avec modération et que l'on a renforcé l'isolation de sa maison, d'affirmer qu'on fait de la décroissance naturellement, sans le savoir, comme Monsieur Jourdain découvrant qu'il parle en prose. Ce constat est sans doute correct, pour partie au moins, mais il ne devrait pas nous inciter à classer la décroissance au rayon des théories acquises et connues. Considérer que nous faisons déjà de la décroissance parce que certaines de nos pratiques correspondent aux exemples emblématiques de celle-ci (alimentation locale, réduction des transports polluants et de la consommation), c'est aller trop vite en besogne. D'une part parce qu'il n'existe pas *une* théorie de la décroissance, comme le rappelle Serge Latouche dans la préface qui suit, mais bien un ensemble contrasté de discours, de projets et de graines d'alternatives partageant un certain nombre de points communs. Ceux-ci sont importants, bien sûr, mais ne le sont pas moins les différences de sensibilités, qui permettent d'appréhender la complexité et l'interrelation des questions qui se posent aux générations du XXIe siècle. D'autre part, parce que nos actes ne peuvent être efficaces que s'ils sont conscients et intégrés à une vision cohérente de l'évolution de la société. Or la décroissance, ou tout autre concept voisin qui se définit par l'absence ou l'abandon de la logique de la croissance économique, est l'une des seules propositions qui porte sur l'avenir un regard large, crédible et multidimensionnel (écologique, économique, social, politique, culturel, existentiel ; à la fois local et international). En d'autres termes, la décroissance est en mesure d'apporter des réponses et de déployer des perspectives à la hauteur des questions posées, ce qui n'est pas le cas d'étendards plus ciblés comme la « défense de l'environnement », la « promotion de l'agriculture biologique » ou encore la « responsabilisation du citoyen ». En ce sens, elle peut nous aider à passer d'initiatives réactives et dispersées (non aux OGM, au nucléaire, à la pollution, aux pesticides, etc.) à une attitude pro-active et cohérente. Son appellation, ressentie par certains comme négative voire néfaste, recouvre ainsi paradoxalement des propositions positives et coordonnées. La décroissance est une contre-proposition au système productiviste (aujourd'hui exclusivement néolibéral) dans son ensemble.

Donner cohérence et direction à nos positions

L'opposition radicale à l'utilisation des pesticides et engrais de synthèse, le refus absolu des OGM de même que le combat contre l'énergie nucléaire, la défense de l'agriculture biologique, des énergies renouvelables, de l'autoproduction et des circuits courts, sont autant de lignes de crête de l'activité de *Nature & Progrès* et de nombreuses autres associations environnementalistes.

Ces positions, souvent défendues avec vigueur vis-à-vis des pouvoirs politiques locaux et nationaux, ont débouché sur certains résultats acquis de haute lutte, certes, mais néanmoins toujours provisoires et fragiles, sans cesse menacés par les intérêts politiques et économiques dominants. Dans un climat idéologique saturé par l'obsession et les impératifs de la croissance, toute proposition isolée et désintéressée (c'est-à-dire purement citoyenne, purement politique) n'a aucune chance, à long terme, de se généraliser et de devenir la norme. L'omniprésence de la publicité et des messages commerciaux ont contribué à créer, dans la société mais aussi en nous-mêmes, des conditionnements profonds de la pensée, du bon sens, des comportements et même des désirs. Nul n'est à l'abri de ceux-ci. En chacun de nous s'agite un consommateur convaincu du caractère indispensable de certaines marchandises. Nous sommes tous dépendants, par exemple, de la voiture et du frigidaire, même le plus bio des jardiniers bio.

A l'échelle collective, il n'est donc pas étonnant que nous pensions être dépendants de l'agriculture chimique, de l'énergie nucléaire et du pétrole bon marché. Pour nous libérer de cette croyance, il est fondamental d'apporter des alternatives techniques crédibles, comme le fait *Nature & Progrès.* Mais cela ne suffit pas. L'ampleur des changements nécessaires est telle qu'aucun citoyen ne peut seul y faire face. Qu'il soit nécessaire de responsabiliser les individus par rapport à leurs comportements, c'est une évidence. Mais miser uniquement sur notre responsabilité individuelle spontanée est le meilleur service que l'on puisse rendre à ceux qui souhaitent poursuivre le pillage de la planète au service du profit de quelques-uns. L'argument capitaliste, le développement durable, ne repose pas sur autre chose : petit à petit, les changements de comportements ajusteraient le marché. La main invisible de nos consciences soudain éveillées... Dans un autre espace-temps, peut-être. Mais la réalité force le timing. L'échec du développement durable est évident. Avant d'être dictée par des valeurs, l'option de la décroissance est donc tout simplement logique. Son intérêt pour la collectivité et pour la survie de la planète et de ses habitants relève du bon sens.

L'exemple de l'agriculture biologique

Comment la bio s'accommode-t-elle de la décroissance ? Ne vise-t-on pas, au contraire, la croissance de ce secteur ? La lecture des arguments de Maurizio Pallante apporte sur cette question un éclairage important. Ce qui est visé par l'objection, c'est la croissance en tant que dogme de l'augmentation du produit intérieur brut (PIB), c'est-à-dire la croissance de ce que l'on peut faire entrer dans le circuit marchand. Dans une société de croissance, seule une agriculture biologique qui fait augmenter le PIB sera réellement favorisée. À ce titre, la focalisation sur les cahiers des charges doit être réexaminée. Si ceux-ci dérangent, forcément, la fluidité des marchés, ils peuvent néanmoins s'en accommoder. Ainsi peut croître un secteur bio-industriel qui s'éloigne, de plus en plus, de l'état d'esprit d'origine, pour ne garder de bio que ce qui tombe sous la contrainte du label. La logique de la croissance, en-dehors du cadre légal défini par les cahiers des charges, l'emporte forcément. Au contraire, penser la progression de l'agriculture biologique dans une perspective de décroissance la ramènera, inévitablement, à l'ensemble des caractéristiques qu'on lui souhaite : sans produits chimiques certes, mais aussi dans un respect profond des sols, respectant des circuits courts et sans multiplication des emballages et des lieux de stockage, etc. (autant d'opérations qui font augmenter le PIB, mais pas la qualité des aliments !). Les balises des labels peuvent être contournées ; la logique de la décroissance pas.

Fédérer les initiatives militantes

Cependant, chez *Nature & Progrès* comme parmi d'autres associations, certains pionniers de l'écologie et de la bio se lassent de constater que ce qui se cache derrière le mot décroissance rejoint une pratique militante déjà ancienne de trente ou quarante ans ! « A quoi peut donc servir de réinventer la roue ? » entend-on ci et là.

Même en admettant que la roue n'ait pas tellement changé, le véhicule est par contre bien différent. En l'espace de quelques décennies, la société a évolué. Dans les années 1970, la mise en cause du modèle consumériste s'appliquait à l'encontre d'un mode de vie qui s'apparentait encore à un rêve empli de promesses : le progrès matériel et technologique éternel. Certains précurseurs, déjà, n'y voyaient qu'une illusion, mais leur contestation s'inscrivait dans un mouvement porté surtout par des valeurs (sur la lancée de Mai 68) alors qu'il cherchait son objectivité dans des hypothèses prédictives (cf. Rapport au *Club de Rome,* 1972) et des signes d'alerte encore épars. Aujourd'hui, le contexte s'est inversé. Le rêve n'est plus possible, des limites objectives sont posées par les données irréversibles du bouleversement climatique et de l'épuisement avéré des ressources fossiles (pétrole, gaz naturel) et minérales (uranium notamment). Le consensus des scientifiques neutres (c'est-à-dire dont le financement ne dépend aucunement d'intérêts privés) est presque total. Aussi, dans nos sociétés occidentales, ce n'est plus tellement une illusion qui est à combattre, mais une dépendance doublée d'un déni. Cela change tout !

L'alternative écologiste, il y a trente ans, pouvait être pensée et vécue, d'un côté comme de l'autre, comme un choix de vie reposant surtout sur des valeurs privées (rupture avec le consumérisme ou, sans détour par celui-ci, continuité de modes de vies traditionnels). Aujourd'hui, ceux qui ont eu raison de faire ce choix sont investis d'une responsabilité supplémentaire : leur exemple acquiert une dimension collective. On se tourne naturellement vers eux quand on souhaite quitter le navire en déroute.

Aussi, si elles souhaitent jouer un rôle dans la transition économique et politique vers un *autre monde,* il est indispensable que des associations comme *Nature & Progrès* adoptent une position claire dans le débat sur le type de société – de vie même – souhaité pour l'avenir. C'est par la voie de ce débat que les jeunes générations (re)découvrent des savoir-faire utiles et rejoignent des modes de vie alternatifs. C'est donc seulement autour de lui que peuvent se fédérer les énergies et les initiatives. La décroissance se situe en son cœur.

Certains souhaitent éviter le détour par les idées. Tout de suite des solutions pratiques : c'est ce qui intéresse les gens. Peut-être. Mais c'est oublier que derrière l'intérêt spontané pour telle ou telle technique se cache toujours un désir de mieux vivre et, donc, des valeurs, du sens donné aux actes. Chez d'autres, le chemin sera plus lent : avant de s'intéresser aux alternatives pratiques, on voudra s'arrêter sur le sens, comprendre, s'inscrire dans une réflexion commune sur les finalités. Quoi qu'il en soit enfin, au niveau politique et citoyen (dans une logique d'éducation permanente), le détour prolongé par le sens et les idées est indispensable. L'immense bouleversement planétaire et existentiel qui nous attend ne fera pas l'économie de la pensée. Il exige à la fois maîtrise technique et créativité culturelle, politique, économique. Sous peine de demeurer les « idiots du village global ». *La décroissance heureuse,* à ce titre, propose l'approche la plus équilibrée, entre théorie et exemples pratiques, qu'il nous ait été donné de lire. Elle semble avoir été écrite sur mesure pour ceux qui, nombreux dans notre association, souhaitent que les idées s'accompagnent d'actes concrets, et vice-versa.

Reste à mentionner une dernière objection. Maurizio Pallante n'a de cesse, dans sa démonstration, de fustiger l'idéologie du progrès. Comment son éditeur francophone peut-il s'accommoder d'une contradiction à ce point manifeste ? Son nom même se revendique du *Progrès*... Prendre conscience de cette objection, c'est déjà la lever. En effet, les pistes prônées par *Nature & Progrès* sont tellement proches de celles de Maurizio Pallante (autoproduction, sobriété, réduction des gaspillages) que l'on comprend la nature sémantique du malentendu. La même, d'ailleurs, que celle qui affecte le couple « croissance-décroissance ». Les pionniers de *Nature & Progrès* pouvaient difficilement prévoir, dans les années 1970, que les sens profonds et multiples des mot « progrès » et « croissance » seraient détournés par une véritable religion du progrès *technologique et matériel* et de la croissance *de la production de marchandises.* Aussi incroyable que cela puisse paraître, le progrès aujourd'hui passe par la décroissance. Faut-il le rappeler, pour notre santé et celle de la terre.

Guillaume Lohest, *Nature & Progrès*

PRÉFACE DE SERGE LATOUCHE À L'ÉDITION FRANÇAISE

Serge Latouche est professeur émérite d'économie à l'Université d'Orsay et objecteur de croissance.

J'ai fait la connaissance de Maurizio Pallante dans les années 1990, peu après la parution de la traduction en italien de mon livre *L'occidentalisation du monde* [1]. Nous étions publiés chez le même éditeur turinois, Bollati Boringhieri, dans la même collection, Temi, dirigée par un ami commun, Alfredo Salsano, qui était aussi mon traducteur. Alfredo organisait des rencontres épisodiques au siège de la maison d'édition où se retrouvaient les principaux auteurs. C'est ainsi que Maurizio et moi avons commencé, au fil de relations amicales et conviviales, à échanger nos livres et nos idées. Il venait de publier successivement plusieurs ouvrages sur l'énergie dont *Le tecnologie di armonia* (Bollati Boringhieri, 1994). Ni l'un ni l'autre ne parlions de décroissance à cette époque-là. Je faisais la critique du développement, ce qui me classait plus ou moins dans le champ des socio-économistes tiers-mondistes, il dénonçait le gaspillage énergétique, ce qui le situait plutôt dans le champ de l'écologie industrielle.

Pour moi, qui n'ai jamais utilisé le mot *décroissance* avant le numéro spécial de la revue *Silence* consacré à ce thème, la théorie développée sous ce nom date très précisément de février 2002 et le mouvement éponyme trouve son acte de naissance dans le colloque « Défaire le développement, refaire le monde » qui s'est tenu à l'UNESCO en mars 2002 [2]. En revanche, si ce terme de « décroissance » est donc d'un usage très récent dans le débat économique, politique et social, l'origine des idées qu'il véhicule a une histoire plus ancienne, liée à la critique *culturaliste* de l'économie d'une part et à sa critique écologiste d'autre part. Comme il est rappelé dans mon opuscule, le *Petit traité de la décroissance sereine* (Mille et une nuits, Paris, 2007), le projet d'une société autonome et économe recouvert par le slogan de la décroissance n'est pas né d'hier. Sans remonter à certaines utopies du premier socialisme [3], ni à la tradition anarchiste rénovée par le situationnisme, il a été formulé, dès la fin des années 1960 et sous une forme proche de la nôtre, par André Gorz, François Partant, Jacques Ellul, Bernard Charbonneau, mais surtout par Cornelius Castoriadis et Ivan Illich [4]. L'échec du développement au Sud et la perte des repères au Nord amenaient ces penseurs à remettre en question la société de consommation et ses bases imaginaires : le progrès, la science et la technique. Cette critique ne s'abritait pas explicitement sous la bannière de la décroissance, mais débouchait sur la recherche d'un « après-développement » dans lequel la dimension écologique était certes présente, mais occupait en général une place restreinte, sauf dans l'utopie *désindustrialiste* d'André Gorz.

Dans le même temps, la prise de conscience de la crise de l'environnement apportait un message différent et supplémentaire : non seulement la société de croissance et le développement ne sont pas souhaitables, mais encore ils ne sont pas soutenables ! Sans doute peut-on rencontrer une intuition des limites physiques de la croissance économique chez Malthus, mais elle ne trouve son fondement scientifique qu'avec Sadi Carnot et sa deuxième loi de la thermodynamique. En effet, le fait que les transformations de l'énergie en ses différentes formes (chaleur, mouvement, etc.) ne soient pas totalement réversibles, et que l'on se heurte au phénomène de l'entropie, ne peut pas ne pas avoir de conséquences sur l'économie qui repose sur ces transformations. Cependant, c'est seulement dans les années 1970 du XXe siècle que la question écologique au sein de l'économie a été développée, résultat surtout du travail de l'économiste roumain Nicholas Georgescu Roegen. En adoptant le modèle de la mécanique classique newtonienne, note ce grand savant, l'économie exclut l'irréversibilité du temps. Elle ignore donc l'entropie, c'est-à-dire la non réversibilité des transformations de l'énergie et de la matière. Ainsi, les déchets et la pollution, pourtant produits par l'activité économique, n'entrent pas dans les fonctions de production standard, et une fois la terre éliminée de celles-ci vers 1880, l'ultime lien avec la nature se trouve rompu. Toute référence à un quelconque substrat biophysique ayant disparu, la production économique, telle qu'elle est conçue par la plupart des théoriciens néoclassiques, ne semble confrontée à aucune limite écologique. Conséquence ? Le gaspillage inconscient des ressources rares disponibles et la sous-utilisation du flux abondant d'énergie solaire. Le processus économique réel, à la différence du modèle théorique, n'est pas un processus purement mécanique et réversible ; de nature *entropique*, il se déroule dans une biosphère qui fonctionne dans un temps fléché [5]. De là découle, pour Nicholas Georgescu Roegen, l'impossibilité d'une croissance infinie dans un monde fini et la nécessité de remplacer la science économique traditionnelle par une *bioéconomie*, c'est-à-dire de penser l'économie au sein de la biosphère. C'est ainsi qu'avec son accord, le terme « décroissance » a été utilisé en français pour intituler un recueil de ses essais [6].

Pour moi, avant 2001-2002, il y avait « l'objection de croissance », et même sous deux formes différentes, mais pas vraiment de *décroissance* ; c'est la fusion de ces deux formes qui constitue son acte de naissance. Et s'il y a une grande part de hasard dans l'enchaînement des événements, l'apparition d'un mouvement radical proposant une alternative à la société de consommation et de croissance répondait à une nécessité qu'il n'est pas abusif de qualifier d'historique. En face du triomphe de l'ultralibéralisme et de la proclamation arrogante du TINA (*there is no alternative*) de Margaret Thatcher, la petite « franc-maçonnerie » anti-développementiste dont je faisais partie ne pouvait plus se contenter d'une critique théorique quasi confidentielle à usage des *tiersmondistes*. L'autre face du triomphe de l'idéologie de la pensée unique était le slogan consensuel du « développement durable » dont le mouvement altermondialiste semblait parfaitement s'accommoder. Il devenait urgent d'y opposer un autre projet, ou plus exactement de donner une visibilité à un projet, en gestation depuis longtemps, mais qui cheminait de façon souterraine. Le slogan de « Décroissance » est apparu comme une « bombe sémantique » ou un « mot-obus » (*dixit* Paul Ariès) susceptible de casser le consensus mou à la soumission à l'ordre productiviste dominant. C'est ainsi qu'en 2003 naissait un premier réseau des objecteurs de croissance pour un après-développement (ROCAD) dont le manifeste fut traduit aussitôt en italien, ce qui inspira peut-être à Maurizio l'idée d'écrire à son tour son *Manifesto per la decrescita felice*.

Je suis donc venu à la décroissance par l'après-développement et la critique culturaliste, tandis que Maurizio y est arrivé par la critique écologique et la perspective de l'après-pétrole. Cela explique que nous ne mettions pas exactement le même contenu sous l'intitulé et que les contours du projet soient quelque peu différents. Pour lui, il ne s'agit pas tant d'un slogan provocateur pour marquer la rupture avec la société de croissance que d'un objectif déjà applicable à un contenu concret. La question de la sortie du capitalisme, et donc de la révolution – même si celle-ci est avant tout culturelle et si la prise du palais d'hiver n'est pas à notre agenda –, centrale pour le mouvement des objecteurs de croissance, n'a pas vraiment sa place dans sa définition plus technique du projet. Pour le fondateur du courant italien de la *decrescita felice*, la décroissance est un concept positif qui peut être défini par la réduction du PIB, c'est-à-dire la baisse de la consommation et de la production de biens et services marchands (*merci*), mais elle est heureuse, car en même temps il y a augmentation de biens et services non marchands (*beni*) qui procurent de *vraies* satisfactions. Il en résulte que la décroissance se traduit immédiatement par des initiatives concrètes.

Cela étant, nous partageons tout le volet critique de la conception du PIB comme indice fétiche du niveau de vie et de bien-être des sociétés humaines, toute la critique de la marchandisation du monde ; nous voulons tous deux promouvoir les *biens relationnels*, une réduction des horaires de travail et plaidons également en faveur d'une forte relocalisation. Nous sommes bien d'accord pour dire que l'on ne peut pas se baser sur les évaluations statistiques du PIB par tête pour mesurer la richesse, la pauvreté, et moins encore le bonheur des hommes. Qu'ils soient objectifs ou relatifs, spécifiques au Nord et au Sud, « ces critères d'évaluation de la richesse et de la pauvreté, note Maurizio Pallante, sont intrinsèques à la culture d'un système économique et productif fondé sur la marchandisation totale et sur la croissance du produit intérieur brut, parce qu'ils mesurent, tant la pauvreté relative que la pauvreté absolue, avec des paramètres monétaires »[7]. Il dénonce ainsi fort justement la vanité de l'approche internationale de réduction de la pauvreté fondée sur de tels indices. Cette lutte est d'ailleurs vouée à l'échec puisque, par définition en quelque sorte, la cible recule au fur et à mesure que l'on avance. « En 2003, suivant la CGIL (ndt : Confederazione Generale Italiana del Lavoro, Confédération générale italienne du travail), en Italie, on était pauvre avec un revenu de 800 euros par mois[2]. En 2005, suivant l'Institut de recherches économiques ISIAE (ndt : Istituto di Studi e Analisi Economica, Institut d'études et d'analyses économiques), dans la perception des Italiens, les attentes et les désirs, additionnés aux besoins, demandaient un revenu minimum de 1250 euros.[8] » Ainsi, le seuil de pauvreté relatif se déplace toujours vers le haut avec la croissance. C'est ce que les économistes appellent le paradoxe d'Easterlin et le *treadmill effect* (effet de tapis roulant) de Kahneman. Ce faisant, on objective la pauvreté (avec définition de seuils de pauvreté : moins de 1 ou 2 dollars, moins de la moitié du revenu médian ou du revenu minimum etc.). On en oublie que, dans une société démocratique, c'est la richesse marchande qui fait problème. « L'organisation de l'économie tout entière en vue du mieux-être, disait déjà en 1973 Ivan Illich, est l'obstacle majeur au bien-être ». Pour rendre dignité à la pauvreté matérielle, éliminer la misère et retrouver le sens des « vraies » richesses, il faut mettre des bornes à l'enrichissement économique et donc à l'accumulation du capital. Cette critique du faux bien-être de la société de consommation rejoint le travail de l'école d'économistes italiens de la *felicità* et le travail admirable de la *New Economics Foundation*. Le projet d'une « économie » civile ou de la félicité développé surtout par un groupe de collègues (représenté principalement par Stefano Zamagni, Luigino Bruni, Benedetto Gui, Stefano Bartolini et Leonardo Becchetti) se rattache à la tradition aristotélicienne et procède d'une critique de l'individualisme. La construction d'une telle économie ressuscite la « publica felicità » d'Antonio Genovesi et de l'école napolitaine du XVIIIe siècle que le triomphe de l'économie politique écossaise d'Adam Smith a refoulé. La *félicité* terrestre, en attendant la béatitude promise aux justes dans l'au-delà, engendrée par un gouvernement droit (buon governo) poursuivant la recherche du bien commun était, en effet, l'objet de la réflexion des Lumières napolitaines. Tout en intégrant le marché, la concurrence et la poursuite par le sujet marchand de son intérêt personnel, elles ne répudiaient pas l'héritage du thomisme. Ces théoriciens de l'économie civile sont parfaitement conscients du « paradoxe de la félicité » redécouvert par l'économiste américain Richard Easterlin. « È legge dell'universo, écrivait Genovesi, che non si puo' far la nostra felicità senza far quella degli altri » (« C'est une loi de l'univers, que l'on ne peut pas faire notre bonheur sans faire celui des autres »). Il aura fallu deux siècles de destruction frénétique de la planète grâce à la « bonne gouvernance » de la main invisible et de l'intérêt individuel érigé en divinité pour redécouvrir ces vérités élémentaires [9]. Le message a donné plus récemment naissance au *Manifesto per la felicità. Come passare dalla società del ben-avere a quella del ben-essere*, de Stefano Bartolini, qui entre en parfaite résonnance avec la décroissance [10]. Bartolini nous rappelle qu'étant donné que les gens heureux ne consomment pas, les publicitaires, qui le savent bien, font tout leur possible pour nous rendre malheureux et nous transformer en acheteurs obsessionnels.

Il est facile de faire justice de cette prétention d'assimiler bonheur et PIB par tête et de montrer que le Produit Intérieur ou

National ne mesure que la « richesse » marchande et celle qu'on peut lui assimiler. Sont exclus, en effet, du PIB, les transactions hors marché (tâches domestiques, bénévolat, travail au noir) tandis que les dépenses de « réparation » sont comptées en positif et que les dommages engendrés (externalités négatives) ne sont pas déduits, ni la perte du patrimoine naturel. « Le PIB est donc, point essentiel, notent Gadrey et Jany-Catrice, un flux de richesse purement marchande et monétaire. Quant à la croissance, c'est la progression du PIB, c'est-à-dire la progression du volume de toutes les productions de biens et de services qui se vendent, ou qui coûtent monétairement, *produites par du travail rémunéré* »[11]. Autrement dit, « Tout ce qui peut se vendre et qui a une valeur ajoutée monétaire va gonfler le PIB et la croissance, indépendamment du fait que cela ajoute ou non au bien-être individuel et collectif. (...) De nombreuses activités et ressources qui contribuent au bien-être ne sont pas comptées, simplement parce qu'elles ne sont pas marchandes ou qu'elles n'ont pas de coût de production monétaire direct »[12]. On dit encore que le PIB mesure les *outputs* ou la production, non les *outcomes* ou les résultats.

Il convient de rappeler le très beau discours de Robert Kennedy (écrit probablement par John Kenneth Galbraith), prononcé quelques jours avant qu'il soit assassiné. « Notre PIB (...), déclarait Bob Kennedy, comprend aussi la pollution de l'air, la publicité pour les cigarettes et les courses des ambulances qui ramassent les blessés sur les routes. Il comprend la destruction de nos forêts et la destruction de la nature. Il comprend le napalm et le coût du stockage des déchets radioactifs. En revanche, le PIB ne tient pas compte de la santé de nos enfants, de la qualité de leur instruction, de la gaieté de leurs jeux, de la beauté de notre poésie ou de la solidité de nos mariages. Il ne prend pas en considération notre courage, notre intégrité, notre intelligence, notre sagesse. Il mesure tout, sauf ce qui fait que la vie vaut la peine d'être vécue »[13].

Si, faisant un pas supplémentaire, on tente de remonter du bien-être au bonheur, les écarts, pour autant qu'on puisse les mesurer, sont impitoyables. Dans un livre remarquable, *The loss of happiness in Market Democracies*, Robert E. Lane recense tous les biais théoriques possibles de la comptabilité pour essayer de mesurer, malgré tout, l'évolution du bonheur personnel (*subjective well-being*) dans les sociétés libérales. Il en conclut que la progression du niveau matériel de vie, aux Etats-Unis, s'est accompagnée d'une baisse indiscutable du bonheur réel de la majorité des Américains. Cette baisse serait essentiellement due à la dégradation effective des rapports humains fondamentaux (ce que Lane nomme *companionship*) [14], constat confirmé par de nombreuses enquêtes d'opinion sur le bien-être subjectif, opposé au beaucoup-avoir du PIB, qui permettent de se faire une idée sur le sujet. Désormais, l'ONG britannique *New Economics Foundation* établit, en croisant le résultat des enquêtes sur le sentiment de bien-être vécu, l'espérance de vie et l'empreinte écologique, un indice de la félicité (*Happy planet index*) qui renverse tant l'ordre classique des PNB par tête que celui de l'indice de développement humain (IDH). En 2006, venaient en premier le Vanuatu, la Colombie et le Costa Rica tandis que la France n'arrivait qu'en 131e position et les Etats-Unis en 150e. En 2009, le classement met en tête le Costa Rica, suivi de la République Dominicaine, de la Jamaïque et du Guatemala, les Etats-Unis n'arrivant qu'en 114e position [15]. Ce paradoxe s'explique par le fait que la société dite « développée » repose sur la production massive de la déchéance, c'est-à-dire une perte de valeur et une dégradation généralisée, tant des marchandises que l'accélération du « jetable » transforme en rebut, que des hommes exclus ou licenciés après usage, du PDG et du manager jetables aux chômeurs, SDF, clochards et autres soi-disant « déchets humains ».

De là, une des idées centrales de Maurizio : dans la mesure du possible, en revenir à l'*autoproduction* serait souhaitable. Fabriquer soi-même son petit yaourt, comme il le préconise, c'est supprimer les emballages plastiques et cartons, les agents conservateurs et le transport (donc économie de pétrole, de CO_2 et de déchets) et gagner des bactéries précieuses pour la santé. Et bien sûr, c'est diminuer considérablement le PIB, les impôts (TVA, taxes sur les carburants), ce qui a toutes sortes d'effets récessifs en cascade sur les institutions comme sur la demande : moins de plastique, donc moins de pétrole, donc moins de taxes, effets positifs sur la santé, donc moins de médicaments, de médecins, moins de transports routiers, donc moins d'accidents, donc moins de médecine, etc. La même analyse peut être faite avec l'abandon de l'eau en bouteilles plastiques venues d'ailleurs et au retour à l'eau du robinet provenant d'une nappe phréatique de proximité assainie. De même pour les services. « Le soin à ses enfants ou l'assistance à ses aïeuls, accomplis avec amour, remarque Pallante, sont qualitativement très supérieurs aux soins qui peuvent être prodigués par une personne payée pour le faire. Mais cette activité effectuée en échange d'argent fait croître le PIB. L'autre, offerte par amour, non » [16]. On a là une spirale vertueuse de décroissance [17]. Le remplacement d'une marchandise par un bien non marchand diminue non seulement le produit intérieur brut de la valeur de cette marchandise mais aussi de tous les intrants associés en cascade (emballages, transports, déchets...). Toutefois, cela seul ne suffit pas. Car si cette substitution entraîne une épargne monétaire, à moins de stériliser bêtement celle-ci, la dépense fera croître le PIB dans des proportions égales à la baisse. L'unique possibilité pour éviter cet effet-rebond est de réduire son travail rémunéré pour se consacrer à d'autres activités gratifiantes [18]. La décroissance heureuse nous suggère en conséquence de réduire notre consommation pour travailler moins et consacrer plus de temps aux exigences spirituelles, aux relations humaines, familiales, sociales, érotiques, culturelles, religieuses. Voire à regarder les nuages, « les merveilleux nuages », comme le fait « l'étranger » de Baudelaire [19].

L'autre volet fort de la pensée de Maurizio est l'accroissement de l'écoefficience en particulier dans le domaine énergétique, domaine où il a acquis une compétence reconnue. Le premier rapport au Club de Rome mettait en évidence que les sources d'énergie fossile deviennent insuffisantes pour satisfaire les besoins après

2010 et dénonçait déjà l'aggravation de la pollution atmosphérique. Il importe donc de s'attaquer au gaspillage énergétique, certainement le gisement le plus important d'énergie à exploiter. Il suffit de penser que seul un tiers du pétrole qui entre dans les centrales thermoélectriques devient de l'électricité. Deux tiers se perdent dans l'environnement sous forme de chaleur inutilisée. On trouve là, chez Maurizio, une démarche qui, dès les années 1990, préfigure les plans de *descente énergétique* des militants des *transition towns* qui visent à renforcer la résilience de la communauté locale, c'est-à-dire la capacité à résister et à rebondir face aux chocs prévisibles. L'autoproduction énergétique est aussi un argument de la relocalisation. Les énergies renouvelables comme le solaire ou les éoliennes sont adaptées à des implantations et à des usages locaux. On évite ainsi les déperditions dues au transport et la soustraction du sol aux usages agricoles.

La transition entre le système productiviste et la société de décroissance posera certainement d'énormes problèmes de reconversion de l'appareil productif. Toutefois la décroissance est aussi un pari sur l'ingéniosité humaine pour trouver des solutions le moment venu. Par exemple, on peut songer, comme le propose Maurizio, à transformer les usines automobiles en fabriques d'appareils de cogénération énergétique. En effet, pour construire un microgénérateur, il suffit d'un moteur de voiture couplé avec un alternateur et installé dans un coffrage métallique. Les compétences, les technologies et même les installations nécessaires sont pratiquement identiques. Or la cogénération diffuse, qui permet de passer d'un rendement énergétique d'environ 40 % à 94 %, économise à la fois la consommation d'énergie fossile et l'émission de CO_2 ! [20] Il y a déjà, dans les archives scientifiques de l'humanité, un gisement quasi inépuisable de solutions ingénieuses pour les innombrables problèmes techniques que l'on rencontrerait ; il suffit d'y puiser à bon escient, en attendant d'éventuelles innovations.

Il ne s'agit donc pas du retour à la bougie et au poêle à charbon. Simplement, avec une consommation ramenée au niveau de 1994, le service rendu serait double de celui d'aujourd'hui. Toutefois, jusqu'à maintenant, toutes les propositions faites pour tenter de s'orienter vers cette sobriété raisonnable, comme celle de l'association *Négawatt* en France, ont été rejetées sous la pression des lobbies. Les entreprises qui produisent, distribuent et vendent l'énergie n'ont aucun intérêt à un accroissement de l'efficience dans l'utilisation et à une réduction du gaspillage puisque cela signifierait une baisse de la demande et donc de leurs profits [21]. Changer les règles du jeu et réduire la consommation d'énergie implique une dimension individuelle et collective très largement liées. La sobriété des citoyens est à la fois un exemple et une incitation pour la collectivité. Mais même si, occasionnellement, une mesure incitative infléchit la logique de marché et donne naissance à une *success story*, il est douteux que l'on puisse faire l'économie d'un changement du système. Il faut réussir à faire coïncider le choix individuel et le choix collectif. La sobriété énergétique participe de la nécessité d'accroître l'autonomie à tous les niveaux.

En caricaturant la pensée de Maurizio, on lui reproche parfois de limiter la rupture de la décroissance à l'objectif de l'autoproduction, ce qui assimilerait son projet à celui de la simplicité volontaire. Certes, même si le changement doit être systémique, le choix d'une éthique personnelle différente, comme la simplicité volontaire, peut infléchir la tendance et n'est pas à négliger. Il doit même être encouragé dans la mesure où il contribue à saper les bases imaginaires du système. « Le révolutionnaire de la culture, dit Illich, mise sur le futur en croyant à la possibilité d'éduquer la personne humaine » [22]. Le problème n'est pas tant de convaincre les gens que le « toujours plus » n'entraîne pas un bien-être supérieur, mais que ce même bien-être peut souvent être atteint avec moins, car comme le remarque Maurizio Pallante, dans notre tradition, « moins n'a jamais été synonyme de mieux » [23]. Sur ce point, le travail des intellectuels peut et doit jouer un rôle important. D'où le rôle irremplaçable de l'exemple et de la dissidence.

Quoi qu'il en soit, la décroissance est une mouvance jeune. Comme il en fut du socialisme à ses débuts, les débats et les conflits déchirent parfois le mouvement. Dès lors que celui-ci commence à s'institutionnaliser, les querelles d'ego se déchaînent pour occuper le terrain des idées ou contrôler des *parts de marché* dans le champ de la politique électoraliste. C'est inévitable. Mais même si certains chevaux tirent à hue et à dia, après tout, l'important est que la diligence avance. Il n'y a ni dogme, ni Église. Il n'y a pas non plus de recette-miracle, et c'est peut-être tant mieux, mais des lignes de réflexion et d'action. Institutionnaliser prématurément le programme de la décroissance à travers l'existence d'un parti politique, par exemple, avec l'illusion de la prise du pouvoir à travers un processus électoral pour imposer les changements nécessaires, risque sans doute de nous faire tomber dans le piège de la *politique politicienne,* celle qui désigne l'abandon par les acteurs politiques des réalités sociales et l'enfermement dans le jeu politique, alors même que les conditions ne sont pas mûres pour espérer entreprendre la construction d'une société de la décroissance et qu'il est douteux que celle-ci puisse s'inscrire efficacement dans le cadre dépassé de l'État-nation (et à plus forte raison dans celui de l'Europe des 27). La politique électorale, en effet, dans nos post-démocraties, a peu de prise aujourd'hui sur les réalités qu'il faut changer et il convient d'être prudent dans la façon d'en user. Dans le meilleur des cas, les gouvernements ne peuvent que freiner, ralentir, adoucir des processus sur lesquels ils n'ont plus de prise, s'ils veulent aller à contre-courant. Il existe une « cosmocratie » mondiale, regroupant les oligarchies économiques et financières, qui, sans décision explicite, vide le politique de sa substance et impose « ses » volontés. Tous les gouvernements sont, qu'ils le veuillent ou non, les « fonctionnaires » du capital et les instruments de la petite Internationale des nouveaux maîtres du monde. Et les politiciens, même dans l'opposition, ne peuvent échapper aux pièges de la politique-spectacle, sinon aux séductions d'une professionnalisation généreusement rétribuée. Sans doute cela n'est-il pas étranger à la décomposition aussi navrante que délétère du parti socialiste, mais aussi des Verts et de l'extrême-gauche. Les *magouilles,* les querelles d'ego, les conflits d'ambitions sordides entre les candidats ou les exclusions à coup de fausse rigueur idéologique occupent le terrain sans que soit jamais clairement posée la question du rejet du productivisme. Le travail d'autotransformation en profondeur de la société et des citoyens nous semble plus important et prometteur que les échéances électorales. Le changement au niveau local (y compris par la conquête de certaines institutions) à travers SEL, AMAP, monnaies alternatives, villes vertueuses, *slowcities,* villes en transition, villes postcarbone, etc. peut constituer une étape dans la longue marche pour imposer des solutions décroissantes à des échelons supérieurs. Pour autant, cela ne veut pas dire que nous préconisions l'abstention, ni que nous nous refusions à l'élaboration de propositions concrètes. Toutefois, dans le contexte européen, nous pensons plus utile de peser dans le débat, d'infléchir les positions des uns et des autres, de faire prendre en considération certains arguments et de contribuer à faire évoluer ainsi les mentalités [24]. Telle est à ce jour la mission et l'ambition d'Entropia [25].

Que Maurizio Pallante ne partage pas nécessairement cette analyse *politique* n'enlève rien à l'intérêt de sa démarche qu'on peut, suivant l'horizon temporel que l'on se donne, considérer comme plus complémentaire à la nôtre que concurrente de celle-ci. Les pratiques de décroissance sont plurielles et il y a place pour une grande diversité. On ne peut donc que se réjouir qu'un éditeur ait enfin décidé de mettre à la portée des lecteurs francophones cette approche originale.

Notes

1. *L'Occidentalisation du Monde. Essai sur la signification, la portée et les limites de l'uniformisation planétaire,* Paris, La Découverte, col. Agalma, 1989, traduction en Italien, Torino, Bollati Boringhieri, 1992.

2. Actes publiés sous le titre : *Défaire le développement, refaire le monde,* Parangon, Lyon, 2002.

3. Encore que certaines d'entre elles, comme le rappelle Thierry Paquot, sont d'authentiques précurseurs de la décroissance. Voir Thierry Paquot, *Utopies et utopistes.* Repères, La Découverte, Paris, 2007, p. 33.

4. Peut-être faut-il mentionner aussi le grand philosophe américain, disciple de Henry David Thoreau, John Dewey. Voir l'analyse de Philippe Chanial, « Une foi commune : démocratie, don et éducation chez John Dewey », dans la *Revue du MAUSS* n° 28, second semestre 2006. La découverte.

5. «Nous ne pouvons, écrit encore Nicolas Georgescu Roegen, produire des réfrigérateurs, des automobiles ou des avions à réaction «meilleurs et plus grands» sans produire aussi des déchets « meilleurs et plus grands ». Nicolas Georgescu Roegen, *La décroissance,* Présentation et traduction de Jacques Grinevald et Ivo Rens, Sang de la terre, 1994. p. 63.

6. *La décroissance,* Présentation et traduction de Jacques Grinevald et Ivo Rens, Sang de la terre, 1994.

7. Maurizio Pallante, *La décroissance heureuse,* Éditions Nature & progrès, Namur, 2011, p. 75.

8. Cité par Pallante, op. cit. p. 79.

9. Transformées en langage scientifique grâce à des tests expérimentaux. Elles ont même valu un prix dit Nobel (2004) d'économie à Daniel Kahneman. En mettant en évidence un *treadmill effect* (effet de tapis roulant), ce dernier montrait que l'augmentation du revenu nécessitait la recherche continuelle de nouvelles consommations pour maintenir le même niveau de satisfaction.

10. Donzelli, 2010.

11. Gadrey Jean et Jany-Catrice Florence, *Les nouveaux indicateurs de richesse,* Paris, La Découverte/Repères 2005, p. 17.

12. Ibid. p. 18.

13. Cité par Derek Rasmussen : « Valeurs monétisées et valeurs non monétisables » (titre orig. « The Priced versus the priceless »), *Interculture* n° 147, Octobre 2004, Montreal.

14. Robert E. Lane, *The loss of happiness in Market Democracies*, Yale University Press, 2000. Voir aussi Jean-Claude Michéa, *Orwell éducateur*, Climats, 2003, p. 162.

15. www.happyplanetindex.org. Voir aussi Alessandra Retico, « Felicità. I nuovi paradisi non conoscono il PIL », *La Repubblica* du 8 juillet 2009.

16. Maurizio Pallante, op. cit, p. 59.

17. Maurizio Pallante, chapitres « Le Manifeste de la décroissance heureuse », et « Claires, troubles et tristes eaux en bouteilles de plastique », in *La décroissance heureuse*, op. cit.

19. Charles Baudelaire. *Petits poèmes en prose, Le Spleen de Paris.* Cité par Pallante, op. cit. p. 153.

20. Voir Maurizio Pallante, *Un futuro senza luce?*, Editori Riuniti, Roma, 2004.

21. Voir Pallante, *La décroissance heureuse*, op. cit, p. 115.

22. Illich Ivan, *Oeuvres complètes volume 1*, Paris, Fayard, 2003. «Libérer l'avenir», p. 193.

23. Pallante Maurizio, *Un futuro senza luce?*, Editori Riuniti, Roma 2004. p. 100.

24. Dans certains pays du Sud, en revanche, les choses se présentent sous un jour plus favorable. Une autre voix que celle de la croissance et du consumérisme commence à se faire entendre. La sortie de l'impérialisme de l'économie semble en marche avec les nouvelles constitutions dont l'Équateur et la Bolivie se sont dotés, qui se fixent comme objectif non pas le plus haut PIB par tête, mais l'idéal indigène du Sumak Kawsay (en quechua) ou Suma Qamana, (en aymara), soit le *buen vivir*, la vie en plénitude, le bien-vivre. Voir mon dernier livre, *Sortir de la société de consommation. Voix et voies de la décroissance* (Les liens qui libèrent, Paris, 2010) et le numéro 9 de la revue Entropia, « Contre-pouvoirs et décroissance ».

25. *Entropia : Revue d'étude théorique et politique de la décroissance.* Parangon, Lyon (neuf numéros sortis en fin 2010, à périodicité semestrielle). Voir le site : www.entropia-la-revue.org.

INTRODUCTION

— Bonjour, dit le petit Prince.
— Bonjour, dit le marchand.
C'était un marchand de pilules perfectionnées qui apaisent la soif.
— On en avale une par semaine, et on n'éprouve plus le besoin de boire.
— Pourquoi vends-tu ça ? demanda le petit Prince.
— C'est une grosse économie de temps, dit le marchand. Les experts ont fait des calculs. On épargne cinquante-trois minutes par semaine.
— Et que fait-on de ces cinquante-trois minutes ?
— On en fait ce que l'on veut…
« Moi, se dit le petit Prince, si j'avais cinquante-trois minutes à dépenser, je marcherais tout doucement vers une fontaine… »

Antoine de Saint- Exupéry, *Le petit prince.*

Vous êtes dans un train dans un état de bonheur négatif. Vous êtes en train de maudire votre intelligence négative d'avoir bu une vérité négative qui vous a fait faire une affaire négative, lorsqu'une personne à la jeunesse négative vous demande de poser sa valise sur le porte-bagages parce que sa force négative ne lui permet pas de le faire. Tandis que vous vous levez, le train s'arrête en pleine campagne et, du haut-parleur, une voix avertit qu'à cause d'une panne sur la ligne, vous voyagez à une vitesse égale à zéro. Il vous vient une attaque de sérénité négative, comme après avoir lu ces lignes, et vous voudriez courir chez le libraire pour vous faire rembourser. Mais vous êtes dans le train et vous ne pouvez pas… Résignez-vous ! Tant que le train continuera à voyager à une vitesse égale à zéro, vous n'aurez rien de mieux à faire que de lire ce livre.

Depuis quelques années, l'économie italienne voyage comme votre train et tous les trois mois, lorsque l'Institut de statistiques publie les données sur l'évolution du produit intérieur brut, les maîtres à penser, les politiciens et les professeurs universitaires – toutes personnes sages, diplômées et bien rémunérées – disent dans tous les medias de masse qu'on traverse une phase de *croissance négative* ou, quand cela va un peu mieux, de *croissance égale à zéro*. Je suis un peu irritable et je ne fais pas autorité en la matière, mais à personne d'autre, vraiment à personne d'autre, ne vient-il à l'esprit qu'ils nous traitent comme des êtres à l'intelligence négative ? Dans notre vocabulaire, les mots *décroissance* et *diminution* n'existent-ils pas ? Les verbes *décroître* et *diminuer* n'existent-ils pas ? Le mot *stabilité* n'existe-il pas ? Est-il tellement honteux de prononcer la phrase « le produit intérieur brut a diminué », « le produit intérieur brut est resté stable » ?

Le fait est que la croissance est mêlée à l'économie, comme l'âme à nos pauvres dépouilles mortelles, et qu'il n'est plus possible de les séparer. Aux étudiants en économie, on enseigne que les comptes tournent uniquement s'ils sont précédés d'un signe plus. Mais essayez de leur faire entrer dans la tête que la production ne peut pas croître à l'infini parce que les ressources de la planète ne le sont pas... Comme n'est pas infinie non plus sa capacité à métaboliser les déchets nocifs émis par les processus de production, par les produits au cours de leur vie et par les déchets en lesquels ils se transformeront à un moment ou à un autre. On veut que la production croisse toujours plus vite. Une économie qui ne croît pas est considérée comme un poisson qui ne nage pas. Une contradiction en soi. Un cauchemar dont on ne peut parler que par périphrase. Et donc, on continue...

Mais qu'est-ce que la croissance ? Est-ce la croissance des biens et des services dont les êtres humains ont besoin pour vivre toujours mieux ? Si tu vas d'un point A à un point B en voiture et qu'il n'y a pas de trafic, tu consommes une certaine quantité de carburant. Si tu te retrouves dans un embouteillage kilométrique, tu en consommeras plus. Donc tu fais croître davantage le produit intérieur brut. Donc tu te sens mieux. Alors pourquoi te fâches-tu ? Pense que tu me fais du bien à moi aussi que tu ne connais pas, ainsi qu'aux autres cinquante-sept millions et des poussières d'Italiens. Pensant à ta générosité, je m'émeus tandis que je marche en souffrant le martyre, et je l'admets avec honte, parce que je suis un ingrat, je te fais souffrir toi aussi que je ne connais pas, tout comme les autres cinquante-sept millions et des poussières d'Italiens, le long d'un sentier de montagne où je ne fais pas croître le produit intérieur brut parce que je ne consomme rien sinon un peu de la semelle de mes bottines. Mais je les ai achetées il y a dix ans et elles sont encore belles. Certes, durant ces dix années, on a commercialisé de nouveaux modèles, les couleurs ont changé, on a modifié les inserts en fausse peau qui étaient un peu plus hauts à l'origine, puis un peu plus bas, et puis un peu plus par ici, puis on les a faits plus étroits, puis plus larges ; mais cette année, je les ai vus hier en vitrine, ils sont de nouveau égaux à ceux de mes bottines. On les a remis au même endroit. La couleur aussi est identique. On dirait que je viens de les acheter.

J'arrive au sommet. Je marche lentement à pas réguliers. Pour ne pas me faire plaindre et pour ne pas trop me sentir fautif à ton égard, je ne te dis rien du paysage et de l'air que je respire. Ils ne coûtent rien non plus et les regarder ne consomme rien. Qui sait comme tu dois être heureux, toi qui consommes essence, freins, embrayage et pneus, immergé entre les tôles et les gaz d'échappement. Comme tu me rends heureux ! Il te faut juste encore allumer une cigarette et boire une gorgée de coca-cola pour atteindre, et me faire atteindre, un niveau de bonheur encore supérieur. Par contre, moi, je remplis simplement ma gourde d'eau de source. Elle ne coûte rien. Puis je mangerai les tomates que j'ai cultivées dans mon potager, elles n'ont rien coûté non plus, et quelques tranches du pain que j'ai fait à la maison avec de la farine de grains cultivés biologiquement. Je l'achète directement au producteur avec les amis du groupement d'achat solidaire, sautant tous les intermédiaires. En achetant la farine, moi aussi je fais croître le produit intérieur brut, mais moins que si je l'achetais au supermarché avec sa belle certification qui la rend plus chère. Et encore moins que si j'achetais le pain tout fait. Je ne réussis pas à me libérer de cet égoïsme, de ce désir de malheur qui me colle à la peau comme l'asphalte surchauffé aux semelles de tes chaussures. Tu les as à peine achetées et tu devras en acheter d'autres. Pense à la chance que tu as ! Les occasions pour faire du bien te sautent dessus comme des tiques.

Te voilà face à une affiche publicitaire où se trouve l'inscription : *Route après route, ta province croît.* Tu attends que la protection civile t'apporte de l'eau minérale en bouteilles en plastique. Route après route ta province croît. L'administration provinciale de Trévise est fière de le faire savoir. C'est très bien que le verbe croître renferme le meilleur possible, mais que veut dire que *la province croît* ? Qu'elle devient plus grande ? La seule chose qui croît, route après route, c'est la quantité de superficie terrestre qui est imperméabilisée. Ainsi, quand il pleut, l'eau ne pénètre pas dans la terre et n'alimente pas la nappe phréatique. Des trombes d'eau sont recueillies dans les égouts, dans les fleuves, dans la mer. C'est comme s'il n'avait pas plu. Les puits s'assèchent. Les sources ne coulent plus. L'eau, il faut aller la chercher en montagne et la mettre dans des bouteilles en plastique pour te l'apporter. Il faut des camions pour porter le pétrole à l'industrie pétrochimique qui en fera du plastique, des camions pour porter le plastique à la fabrique qui en fera des bouteilles, des camions pour porter les bouteilles vides à la source, des camions pour porter les bouteilles pleines aux supermarchés, des camions pour porter les bouteilles vides à la décharge ou à l'incinérateur. Pour faire voyager tous ces camions, il faut des routes et des autoroutes. Émietter les montagnes, transporter les pierres, étendre l'asphalte, imperméabiliser d'autres sols, faire voyager d'autres camions. La même eau que je suis en train de boire à la source, qui ne coûte rien et qui ne fait pas croître le produit intérieur brut, quand tu la bois, toi, elle coûte et tu le fais croître beaucoup. Que du bien-être en plus. Et cela fait croître ta province, route après route, camion après camion, litre d'essence après litre d'essence, CO_2 après CO_2, particule fine après particule fine, décharge après décharge. Ah, les décharges, tu n'en veux pas, et les incinérateurs non plus ? Mais la croissance, oui, cela te plait, pourvu que tout ce que tu jettes soit transporté dans une autre province.

Le mot magique de la croissance est un souffle, un simple souffle qui desserre à peine les lèvres : *plus*.

Il suffit de le prononcer avant un autre mot et s'ouvrent alors les portes du *mieux*. Je ne le dis pas avec ironie. Je répète seulement les phrases que j'ai été contraint d'écouter et de voir écrites sur les murs. *Les Jeux Olympiques laissent un bon signe. Plus d'infrastructures. Plus de tourisme. Plus d'environnement. Plus de culture. Plus d'emploi. Plus de développement. Le « beau » qui reste en province de Turin.* Un feu d'artifice de *plus*. Autant de plus, en même temps, je ne l'avais jamais vu. Inévitablement, cela laisse un bon signe. Forcément, le beau restera en province de Turin. Là où il y avait des forêts inutiles et de banales prairies qui ne produisent rien, sinon un peu de foin, quelques vaches, du fromage, des fruits et des légumes, des champignons des bois, ce seront des routes asphaltées, des voitures et des camions pour faire arriver les touristes et réapprovisionner en marchandises les magasins où ils iront acheter de tout, des maisons et des immeubles pour les faire dormir, des restaurants et des cafés pour les faire manger, des discothèques pour les amuser, le stade de *curling* pour en faire des fans (de curling !), des téléphériques pour les faire monter et descendre comme des hamsters, et des conduites d'eau, d'électricité, de gaz ainsi que des égouts. Où il y avait l'air pur – combien l'air pur fait-il gagner ? – il y aura des émissions polluantes et des particules fines ; où il y avait le silence – de combien le silence fait-il croître l'économie ? – il y aura des amplificateurs et des moteurs ; où il y avait des potagers, des refuges alpins et des vergers – de combien ces pathétiques résidus d'un monde archaïque font-ils croître le produit intérieur brut ? – il y aura des centres commerciaux avec des piles de poires qui viennent d'Argentine ; où le fleuve coulait dans le lit qu'il s'était creusé parmi les prés et la roche sans donner de travail à personne, des excavatrices et des bétonnières construiront un lit en ciment, les ouvriers auront une paie, les entrepreneurs un profit, les cimentiers un gain dont d'autres ouvriers tireront une paie et d'autres entreprises un profit. Plus d'infrastructures. Plus de tourisme. Plus d'emploi. Plus de développement. À la place des inutiles forêts, des banales prairies, des refuges alpins et des vergers. Le beau qui reste en province de Turin. S'il vous plaît… Mais qu'est-ce que cela veut dire : plus d'environnement ? Cela veut-il dire qu'il croît ? Qu'il devient meilleur ? Et pourquoi plus de culture ? Parce qu'il y a le *curling* ? Puissance du simple souffle qui entrouvre à peine les lèvres : *plus*.

L'autre jour, mon fils est rentré de l'école en disant qu'il avait trois dettes. « Fils, ai-je bégayé, et maintenant, comment faisons-nous pour les payer ? Tu le sais bien, que nous sommes des pauvres relatifs ». « Qu'est-ce que cela signifie ? » m'a-t-il répondu. « Nous ne manquons de rien. Nous avons une maison, de quoi nous vêtir, même trop à manger. Tu ne t'es jamais regardé le ventre ? ». J'ai fait mine de ne pas avoir entendu la dernière phrase et je lui ai expliqué qu'être pauvre relatif signifie avoir un revenu inférieur à la moitié du revenu moyen. Pour être pauvre, il n'est pas nécessaire de l'être. Il suffit de le croire. Et pour le croire, il suffit de faire une comparaison avec les personnes que l'on connaît. Si l'on peut acheter beaucoup moins qu'eux, on se sent pauvre. « Ah », a-t-il bougonné avec l'air de celui qui n'a pas compris grand'chose. « Je pensais qu'était pauvre celui qui n'avait pas de maison ou ne parvenait pas à la chauffer en hiver, qui n'avait pas assez d'argent pour acheter à manger et pour s'habiller ». « Les personnes qui n'ont pas assez d'argent pour acheter le nécessaire pour vivre sont des pauvres absolus », lui ai-je dit. « Mais nous n'achetons pas tellement de choses à manger, a-t-il objecté. Nous les cultivons dans le potager et dans le verger, nous les mettons dans des bocaux pour l'hiver. Pour nous chauffer, nous n'achetons pas de gasoil, mais tu coupes les plus vieux arbres de la forêt, ainsi les plus jeunes croissent plus vite et notre provision se renouvelle en continu. Nous faisons beaucoup de choses tout seuls. Elles coûtent moins et sont meilleures que celles que l'on achète. Même sans beaucoup d'argent on peut ne pas être pauvre. Qui a plus d'argent que nous est plus riche, mais s'il doit tout acheter, il est plus pauvre ». « Juste », ai-je répliqué. C'est seulement lorsque quelqu'un ne peut pas produire, ni acheter ce dont il a besoin, qu'il est vraiment pauvre ». Il est resté quelques instants silencieux, puis m'a dit de ne pas me préoccuper de cette histoire de dettes à l'école parce que sa sœur avait des crédits qui égalisaient le compte de la famille. « Mais le matin, vous allez à l'école ou à la banque ? », lui ai-je demandé.

Dettes et crédits scolaires [a]. Après avoir colonisé tout le territoire des biens matériels et, en grande partie, le territoire des services, la marchandisation a envoyé ses avant-gardes dans le territoire de la pensée. Tu ne penseras plus, sinon en termes quantitatifs et avec des paramètres monétaires. Si tu sais, tu as un titre en plus dans ton portefeuille, que tu pourras dépenser au moment opportun. Tu as fait un investissement fructifère dans la bourse du savoir. Mais, attention, tous les titres n'ont pas la même valeur. Certains sont mieux notés et donnent plus de crédits, d'autres sont moins cotés et donnent moins de crédits. Avant d'investir, tu demandes le prospectus d'information. Si tu ne sais pas, tu as une ou plusieurs dettes à récupérer, que personne cependant ne viendra jamais exiger. C'est comme pour les taxes : l'amnistie fiscale est de vigueur. De toute façon, moins tu sais et moins tu penses ; moins tu penses et plus tu es malléable aux exigences de la croissance : tu produiras toujours plus de marchandises pour pouvoir en consommer toujours

---

a. Note de l'éditeur. En Italie, dans les écoles du 2e cycle, un système de dettes et de crédits de formation a été introduit sur le modèle du *Système Européen de Transfert de Crédits*. Durant les trois dernières années du 2e cycle, les élèves reçoivent une note, appelée « crédit scolaire », calculée sur la base des résultats à l'école et d'autres activités de formation, de volontariat et de sport accomplies à l'extérieur de l'école, avec laquelle ils se présentent à l'examen de fin d'études et qui déterminera pour moitié leur évaluation finale. Si, à la fin d'une année scolaire, un élève a une note insuffisante pour une matière, il peut malgré tout être admis à l'année suivante mais devra faire en sorte de rattraper son retard et donc de solder sa dette pour pouvoir se présenter à l'examen final.

plus et tu consommeras toujours plus de marchandises pour pouvoir en produire toujours plus, sans autre horizon devant toi.

Mesurer le savoir en dettes et en crédits te fera comprendre tout de suite que dans la vie, l'argent est la mesure de tout. Que tout ce qui compte s'achète et se vend. Faites-moi une offre. Offre spéciale. Chères familles, notre école d'avant-garde a le plaisir et est fière de vous présenter un Pof unique. Quoi, un Pof ? Un Pof innovateur et moderne, qui anticipe les tendances de l'évolution technologique en cours. Mais je voudrais que mon fils apprenne à être géomètre... Dans notre Pof, ses exigences seront comblées et même davantage. Nous vous invitons à lire avec attention le prospectus en annexe. Oui, oui, je le ferai. Désolé mais depuis que j'ai été diplômé, il y a longtemps, je n'ai plus eu le temps de lire un livre, vous savez ce que c'est. Je suis obligé de travailler toute la journée pour rapporter un salaire à la maison et acheter tout ce qui sert à ma famille. De mon temps, le Pof à l'école, cela n'existait pas... Cher client, le Pof est le « Plan de l'offre formative » que notre école d'avant-garde présente à la demande sur le marché de l'instruction. C'est un élément central de la réforme que les écoles pédagogiques les plus modernes, de droite et de gauche, ont réalisé pour rajeunir l'école, pour la moderniser et la mettre en accord avec son temps.

Rajeunir. Moderniser. Innover. Changer. Il faut être en accord avec son temps. On ne retourne pas en arrière. On n'arrête pas le progrès. Lorsque nous étions de pauvres gens. Le boom économique. La durée de la vie a augmenté. Il n'y a jamais eu autant de bien-être. La croissance de l'emploi. Quand on pense qu'il y a seulement dix ans les téléphones portables n'existaient pas. Tu te rends compte, quelle facilité. Moi je ne pourrais plus m'en passer. Comment faisait-on pour vivre sans ? Le tien, il ne fait pas de photos ? Alors il est temps que tu le jettes et que tu en achètes un nouveau. Mais je l'ai acheté il y a seulement six mois. Eh, mais la technologie avance à pas de géant ! Ce qui était nouveau hier est déjà vieux aujourd'hui. Ce qui est nouveau aujourd'hui sera vieux demain. Les progrès scientifiques et technologiques nous projettent vers le futur. Pense que lorsque je suis descendu il y a quelques années à la gare de Prato, les murs et les flancs des autobus étaient tapissés d'affiches sur lesquelles on pouvait lire : *Prato : la ville qui sera*. Oh mon Dieu ! me suis-je surpris à penser : je suis arrivé trop tôt. Je suis remonté dans le premier train et je m'en suis allé.

Je dédie ce livre :

À la mémoire d'Alfredo Salsano qui, à l'improviste, il y onze ans, d'un coup de téléphone, m'a ouvert les portes de l'édition, bien que je n'aie pas les titres pour y être admis. « Je suis Alfredo Salsano, de la Bollati Boringhieri. J'ai lu votre texte dactylographié et je le porterai avec un avis favorable à la prochaine réunion du comité éditorial. S'il passe, dans six mois il sera en librairie ». *Avait-il lu le texte dactylographié ? Serait-il en librairie dans six mois ? Le numéro de téléphone n'était-il pas erroné ? Trois chapitres de ce livre portaient sur la décroissance. J'en ai rapporté l'incipit dans un chapitre du présent ouvrage, comme le témoin d'un relais. Salut Alfredo, comme tu vois, je travaille encore sur le thème.*

À Bruno Ricca qui, après avoir reçu en juillet ma demande de publier un livret sur la décroissance et avoir lu les premiers chapitres, au lieu de penser « quelle mouche l'a piqué », m'a écrit : « Cher Maurizio, j'ai lu le texte et non seulement je partage son contenu mais il me fascine. Enfin quelqu'un qui propose de passer du dire au faire. Chaque jour nous avons des confirmations que le système actuel nous mène droit dans le mur, mais même aujourd'hui nous trinquons à l'augmentation des 0,7 % du produit intérieur brut. À mort le produit intérieur brut. Vivent l'homme, l'humanité et sa survie. En avant toutes. Le livre sort en novembre. Amitiés ».

À tous ceux qui pratiquent la décroissance dans leur vie. Ils sont beaucoup plus que ce qu'ils s'imaginent. Pour tous ceux que je connais, et ils sont nombreux, ce livre est une étreinte et une invitation à faire avec moi un gentil bras d'honneur à celui qui se contente d'en parler.

I.

MANIFESTE DU MOUVEMENT POUR LA DÉCROISSANCE HEUREUSE

Les notes de l'auteur
sont regroupées par chapitre à la fin de l'ouvrage. Elles sont numérotées.

Les notes de traduction
sont signalées par l'abréviation « ndt ».

Les notes de l'éditeur,
dans le cas où elles s'avèrent indispensables à la bonne compréhension, ont été intégrées en bas de page.

Le yaourt produit industriellement et acheté dans les circuits commerciaux, pour arriver sur la table des consommateurs, parcourt 1 200 à 1 500 km, coûte cinq euros le litre, est confectionné à 95 % en petits pots en plastique presque tous à usage unique et regroupés en emballages de carton, subit des traitements de conservation qui, souvent, ne laissent pas survivre les bactéries à partir desquelles il a été formé.

Le yaourt autoproduit, faisant fermenter le lait par des colonies de bactéries adéquates, ne doit pas être transporté, ne demande ni confection, ni emballage, coûte le prix du lait, ne contient pas de conservateur et est très riche en bactéries.

Le yaourt autoproduit est pour cette raison de qualité supérieure à celui produit industriellement, coûte beaucoup moins cher, contribue à réduire les émissions de CO_2 parce qu'il n'entraîne pas de consommation d'énergie fossile pour le transport et pour la production des contenants à usage unique, et ne produit pas de déchets.

Cependant, ce choix, s'il améliore la qualité de la vie de celui qui le fait et ne génère pas d'impacts environnementaux, entraîne une diminution du produit intérieur brut : parce que le yaourt autoproduit ne passe pas au travers de l'argent, et donc fait diminuer la demande de marchandises ; parce qu'il n'entraîne pas la consommation de carburants, et donc fait diminuer la demande de marchandises ; parce qu'il ne demande pas de confections et d'emballages, et donc fait diminuer la demande de marchandises ; parce qu'il fait diminuer le coût des traitements des déchets.

Tout ceci dérange les ministres des finances parce que cela réduit le revenu de la TVA et des accises sur les carburants ; les ministres de l'environnement car, par ricochet, cela diminue leur dotation et ils ne peuvent plus subsidier les fonds énergétiques alternatifs dans l'optique du développement durable ; les bourgmestres, les présidents des régions et des provinces parce qu'ils ne peuvent plus distribuer à leurs électeurs les subventions publiques pour les fonds alternatifs ; les sociétés communales et les consortiums de gestion des déchets parce que cela diminue les revenus des décharges et des incinérateurs ; les gestionnaires des réseaux de chauffage urbain alimentés par les incinérateurs, parce qu'ils doivent remplacer le manque de combustibles dérivant des déchets (qu'ils récoltent en se faisant payer) par du mazout (qu'ils doivent acheter).

Mais ce n'est pas tout.

En faisant diminuer la demande de petits pots en plastique et d'emballages de carton, l'autoproduction de yaourt fait diminuer du même coup la demande de pétrole. Tant celui qui sert pour produire le plastique (2 kg de pétrole par kg de plastique) que celui qui sert pour le carburant nécessaire au transport des petits pots et des emballages entre les usines dans lesquelles ils sont produits et les usines dans lesquelles le yaourt est produit industriellement. Ce qui entraîne une diminution supplémentaire des émissions de CO_2 et du produit intérieur brut. Ce qui dérange une deuxième fois les ministres des finances et de l'environnement, les bourgmestres, les présidents des régions et des provinces pour les raisons déjà énoncées.

Mais ce n'est pas tout.

Les ferments lactiques contenus dans le yaourt frais autoproduit enrichissent la flore bactérienne intestinale et font mieux aller à selle. Les personnes affectées de constipation peuvent commencer leur journée légères comme des libellules. Par conséquent, la qualité de leur vie est améliorée, leur revenu en tire un bénéfice supplémentaire parce qu'ils ne doivent plus acheter de purgatifs. Mais ceci entraîne une diminution de la demande de marchandises et du produit intérieur brut. Les purgatifs produits industriellement et achetés à travers les circuits commerciaux parcourent aussi des milliers de km avant d'arriver chez les consommateurs. La diminution de leur demande entraîne donc une diminution supplémentaire des consommations de carburant et une diminution supplémentaire du produit intérieur brut. Ce qui dérange une troisième fois les ministres des finances et de l'environnement, les bourgmestres, les présidents des régions et des provinces pour les raisons déjà énoncées.

Mais ce n'est pas tout.

La diminution de la demande de yaourt, de petits pots en plastique et d'emballages en carton, de purgatifs et de la quantité de déchets, entraîne une réduction de la circulation des poids lourds qui les transportent et, donc, une meilleure fluidité du trafic routier et autoroutier. Les autres véhicules peuvent circuler plus rapidement et les encombrements se réduisent. Par conséquent la qualité de la vie est améliorée. Mais ils diminuent aussi les consommations de carburant et le produit intérieur brut se réduit. Ce qui dérange une quatrième fois les ministres des finances et de l'environnement, les bourgmestres, les présidents des régions et des provinces pour les raisons déjà énoncées.

Mais ce n'est pas tout.

La diminution du nombre de camions circulant sur les routes et les autoroutes fait baisser statistiquement les risques d'accidents. Cette amélioration supplémentaire de la qualité de la vie induite par la substitution du yaourt produit industriellement par du yaourt autoproduit, entraîne une diminution supplémentaire du produit intérieur brut, en faisant diminuer tant les dépenses hospitalières, pharmacologiques et mortuaires, que les dépenses pour les réparations des voitures accidentées et les achats de nouvelles voitures en remplacement de celles qui ne sont plus réparables. Cela dérange une cinquième fois les ministres des finances et de l'environnement, les bourgmestres, les présidents des régions et des provinces pour les raisons déjà énoncées.

Le Mouvement pour la décroissance heureuse se propose de promouvoir la substitution la plus vaste possible des marchandises produites industriellement et acquises dans les circuits commerciaux par l'autoproduction de biens. Dans ce choix, qui entraîne une diminution du produit intérieur brut, il voit la possibilité d'extraordinaires améliorations de la vie individuelle et collective, des conditions environnementales et des relations entre les peuples, les États et les cultures.

Sa perspective est opposée à celle du soi-disant « développement durable », qui continue à tenir pour positif le mécanisme de la croissance économique comme facteur de bien-être, en se limitant à proposer de le corriger par l'introduction de technologies moins polluantes et en souhaitant qu'il s'étende, avec ces corrections, aux peuples qui, non par hasard, sont définis comme « sous-développés ».

Dans le secteur crucial de l'énergie, le « développement durable », à partir du constat que les ressources fossiles ne sont plus en mesure de soutenir une croissance durable et une extension planétaire, propose leur substitution par des ressources alternatives. Le Mouvement pour la décroissance heureuse, pour sa part, estime au contraire que cette substitution doit se produire via une réduction des consommations énergétiques, à poursuivre tant par l'élimination des gaspillages, du manque d'efficacité et des usages impropres que par l'élimination des consommations induites par une organisation économique et productive ayant pour but la substitution de l'autoproduction de biens par la production et la commercialisation de marchandises.

Cette perspective implique que dans les pays industrialisés, on redécouvre et on valorise certains styles de vie du passé, irresponsablement abandonnés au nom d'une conception du progrès mal interprétée. Les styles de vie du passé ont des perspectives futures plus vastes que les styles de vie modernes qui les ont remplacés, non seulement dans les secteurs traditionnels des besoins primaires, mais aussi dans quelques secteurs technologiquement avancés et cruciaux pour le futur de l'humanité, comme celui de l'énergie, où une efficacité plus importante et un impact environnemental minimal s'obtiennent par des installations d'autoproduction reliées en réseau pour échanger les excédents.

Dans les pays laissés en état d'indigence par le cambriolage des ressources qui ont été nécessaires à la croissance économique des pays industrialisés, une réelle et durable amélioration de la qualité de la vie ne pourra avoir lieu en reproduisant le modèle des pays industrialisés, mais seulement par une croissance des consommations qui n'entraîne pas une substitution progressive des biens autoproduits par des marchandises produites industriellement et achetées. Une redistribution plus équitable des ressources au niveau mondial ne pourra se faire si la croissance du bien-être de ces peuples se produit sous la forme d'une croissance du produit intérieur brut, même si elle est tempérée par les corrections écologiques du « développement durable ». Ce dernier, du reste, est un luxe possible seulement pour celui qui a déjà acquis plus que nécessaire par un développement sans adjectif.

Pour adhérer au mouvement, il est suffisant :

— d'autoproduire le yaourt ou n'importe quel autre bien primaire : le coulis de tomate, la confiture, le pain, le jus de fruits, les tartes, l'énergie thermique ou électrique, des objets et des outils, des petits entretiens ;

— d'offrir, gratuitement, des services à la personne qui se font en général contre paiement : assistance aux enfants dans les premières années, aux personnes âgées et aux handicapés, aux malades et aux mourants.

L'autoproduction systématique d'un bien ou la prestation d'un service constitue le premier degré du premier niveau d'adhésion. Les niveaux successifs au premier degré sont en rapport avec le nombre de biens autoproduits et de services à la personne qui sont fournis. L'autoproduction énergétique vaut le double.

Le second degré d'adhésion est constitué par l'autoproduction de toute la filière d'un bien : du lait au yaourt, du grain au pain, du fruit à la confiture, des tomates au coulis, de la gestion du bois au chauffage. A ce second degré, les niveaux sont également en rapport avec le nombre de biens autoproduits et la filière énergétique vaut le double.

Le siège du Mouvement pour la décroissance heureuse est établi préférentiellement à proximité d'une entreprise agricole, d'un atelier artisanal, d'un service autogéré, d'une coopérative d'autoproduction, d'une boutique de commerce équitable et solidaire...

II.

SOBRIÉTÉ ET AUTOPRODUCTION

Soutenir la nécessité d'une décroissance économique et productive, en décrire les avantages en termes de bonheur individuel, de soulagement pour les écosystèmes terrestres, de relations plus équitables et sereines entre les individus et entre les peuples, est un passage obligé dans la construction d'une culture nouvelle, capable de surmonter les terribles problèmes posés à l'humanité et à toutes les espèces vivantes par un système économique fondé sur la croissance illimitée de la production de marchandises. Mais c'est comme si l'on voulait parler à voix haute dans un environnement où un puissant système d'amplification soutient en même temps l'idée opposée. On n'est pas écouté, non seulement parce que l'on soutient des positions tellement à contre-courant qu'elles sont repoussées a priori par la majorité, mais aussi parce qu'on ne réussit pas à faire entendre sa propre voix. C'est comme vouloir arrêter un train en marche en lui opposant seulement sa force musculaire.

Qu'à cela ne tienne, il faut réaffirmer en tous lieux les rapports de cause à effet entre la croissance du produit intérieur brut et l'épuisement des ressources non renouvelables, l'accroissement exponentiel des diverses formes de pollution, la dévastation progressive des milieux naturels et historiquement anthropisés, le chômage, les guerres, la dégradation sociale. Mais l'analyse et la dénonciation ne suffisent pas. Il faut simultanément effectuer dans sa propre vie des choix qui entraînent la diminution, même infinitésimale, du produit intérieur brut. Avant toute chose, parce que si l'on est convaincu que la décroissance est un élément indispensable pour une vie plus heureuse, il serait sot de ne pas commencer à la pratiquer immédiatement dans sa propre vie. Ensuite, parce que si les réflexions sur la nécessité de la décroissance se prolongent par une pratique concrète et expérimentée, elles ne sont plus seulement des spéculations théoriques : elles deviennent plus crédibles. Enfin, parce que les avantages dérivant de leur pratique ne se limitent pas au domaine individuel, à la construction d'une niche dans laquelle se réfugier d'un monde qui va dans une direction opposée, et à se défendre des souffrances qu'il engendre, mais ils acquièrent la valeur d'une proposition politique. Dans un contexte de répétition obsessionnelle et passive de comportements consuméristes standardisés, des choix actifs acquièrent visibilité et luminosité, manifestent leurs avantages et, par conséquent, peuvent susciter des revirements : « Si certains le font et en sont heureux, pour quelle raison ne pourrais-je pas faire de même ? ».

Comment peut-on pratiquer la décroissance dans ses choix de vie ? D'abord en clarifiant ce qu'est et comment se réalise la croissance du produit intérieur brut. Contrairement à ce qui se croit communément, cet indicateur ne mesure pas l'accroissement des biens produits dans un système économique, mais l'accroissement des marchandises échangées contre de l'argent. Les marchandises ne sont pas toujours des biens, parce que la notion de bien inclut une connotation qualitative – quelque chose qui offre des avantages – que ne recouvre pas la notion de marchandise. Lorsqu'on fait la queue en voiture, la consommation de la marchandise « carburant » augmente, mais il y un désavantage, une « désutilité ». Et vice-versa, les biens ne sont pas nécessairement des marchandises, parce que l'on peut produire quelque chose d'utile sans l'échanger contre de l'argent, mais pour l'utiliser soi-même ou pour l'offrir. Les produits de notre potager et de notre verger, autoconsommés, ne sont pas des marchandises et, par conséquent, ils ne font pas croître le produit intérieur brut, mais ils sont qualitativement supérieurs aux fruits et légumes produits industriellement et achetés au supermarché. Le soin à nos enfants ou l'assistance à nos aïeuls, accomplis avec amour, sont qualitativement très supérieurs aux soins qui peuvent être prodigués par une personne payée pour le faire. Mais cette activité effectuée en échange d'argent fait croître le produit intérieur brut. L'autre, offerte par amour, non.

Faire des choix existentiels dans l'optique de la décroissance signifie donc réduire la quantité de marchandises dans sa vie. Dans cette optique, deux voies peuvent être empruntées :

— réduire l'utilisation de marchandises qui entraînent des utilités décroissantes et des désutilités croissantes, qui engendrent un fort impact environnemental, qui causent des injustices sociales ;

— remplacer le plus possible les marchandises par les biens.

La première est la route de la sobriété. La seconde est la route de l'autoproduction et des échanges non mercantiles, basés sur le don et la réciprocité.

La sobriété est non seulement une vertu dont le système économique et productif basé sur la croissance du produit intérieur brut a voulu effacer soigneusement toute trace pour qu'en une génération il n'en garde même plus la mémoire, mais elle est aussi et surtout une manifestation d'intelligence et d'autonomie de pensée.

Celui qui vit dans un appartement où la température en hiver est de 24 degrés, qui endosse une blouse à courtes manches et ouvre les fenêtres lorsqu'il a trop chaud, est convaincu de vivre mieux qu'une personne qui vit dans un environnement à 18 degrés, avec un pull-over, et qui baisse le chauffage s'il a trop chaud. En réalité, celui qui vit d'une manière physiologiquement artificielle est un consumériste stupide. Il est plus sujet aux maladies, contribue à augmenter de manière plus importante les émissions de CO_2 et, pour obtenir ces désavantages, il dépense plus. Mais il fait croître davantage le produit intérieur brut.

Celui qui travaille cinq mois par an pour acquérir et entretenir une voiture dernier modèle lui permettant de rester bloqué dans les embouteillages sur les boulevards périphériques, chaque jour ouvrable, deux fois par jour, pendant des heures, sur le trajet domicile-travail, et chaque jour férié, deux fois par jour, plus longtemps encore, sur les autoroutes lors du trajet domicile-lieu de villégiature, est un consumériste stupide, qui s'oblige à vivre de manière insupportable et est bien plus malheureux que celui qui travaille moins et gagne moins. C'est justement pour cela que ce dernier n'a pas besoin d'argent à dépenser en voitures toujours neuves, en carburant, en autoroutes, en compensations illusoires du stress accumulé pendant la semaine de travail, dans des lieux de vacances. Mais il fait décroître le produit intérieur brut.

Celui qui suit la mode imposée par la publicité, pour l'habillement, pour l'alimentation, pour les loisirs, pour les vacances, consomme beaucoup plus que celui qui ne la suit pas, donc il fait croître le produit intérieur brut en acquérant des illusions confondues avec la réalité. Il vit dans un état de stupidité, dont les publicitaires sont bien conscients. Il suffit d'écouter leurs messages pour comprendre qu'ils excluent a priori le petit nombre de personnes dotées d'autonomie de pensée. La plupart, parmi cette minorité, n'achèteraient de toute façon pas les marchandises et les vacances à la mode dont ils font la publicité.

La sobriété dans l'achat de marchandises, en fonction de besoins réels et non induits, en privilégiant celles produites avec un moindre impact environnemental, qui proviennent de moins loin et qui ont donc moins fait consommer de ressources fossiles en transport du producteur au consommateur, qui génèrent peu ou pas de déchets, qui ont un certain coût car elles n'ont pas exploité ignoblement la misère des travailleurs dans les pays pauvres, qui sont faites pour durer ou pour être recyclées, est donc en même temps une manifestation d'intelligence et une vertu. Le refus d'acquérir des marchandises qui ne servent pas ou qui détruisent le monde et soi-même, n'est pas un renoncement commandé par de nobles raisons, mais un choix accompli par égoïsme. Pour être mieux. On ne renonce pas à la télévision, on choisit de ne pas l'avoir parce qu'on n'accepte pas de passer son temps de manière idiote et qu'on a des choses plus intéressantes à faire. On ne renonce pas à faire 200 kilomètres de queue en voiture le dimanche, on choisit de faire quelque chose de mieux pour soi et pour le monde. On ne renonce pas à acquérir des produits que la publicité présente comme indispensables, on choisit de ne pas se soumettre aux comportements standardisés imposés par le consumérisme.

Si la sobriété entraîne une réduction de la croissance du produit intérieur brut à travers une réduction de la consommation de marchandises, elle ne permet pourtant pas de s'émanciper de la dépendance absolue à leur égard. La dépendance toujours plus grande à l'égard des marchandises est la conséquence d'une incapacité croissante à l'autoproduction de biens. *Pour avoir besoin d'acheter tout ce qui sert à satisfaire ses besoins vitaux, il faut être incapable de tout.* Seul celui qui ne sait rien faire de ce qui lui sert peut devenir un consumériste sans alternatives. La condition d'être incapable de produire des biens d'aucune sorte, ou presque, est désormais généralisée dans les pays industrialisés.

Objectivement, cela constitue un énorme appauvrissement culturel qui, paradoxalement, a été proposé et vécu comme un progrès et comme une émancipation de l'homme par rapport aux limites de la nature. Si la croissance du produit intérieur brut est considérée comme synonyme de bien-être et la croissance quantitative des marchandises un bien en soi, la possibilité d'en acquérir la plus grande quantité possible, c'est-à-dire la substitution des biens autoproduits par des marchandises produites industriellement, est assimilée à une amélioration de la qualité de la vie. Le passage d'un bien à une marchandise, pour la satisfaction d'un besoin existentiel, est devenu dans les sociétés industrielles un indicateur d'émancipation et de progrès. En une génération, quelques biens d'usage commun, comme le yaourt, la confiture, le coulis de tomate, les pâtes et le pain, les légumes à l'huile et au vinaigre, n'ont plus été produits à la maison et ont été remplacés par des produits achetés au supermarché. L'autoproduction de fruits et de légumes a presque disparu au profit de produits agro-alimentaires chargés de poisons et sans saveur. Un processus désastreux qui ajoute la perte de qualité à la perte de connaissances, mais qui a été considéré comme un progrès parce qu'il a entraîné une croissance quantitative de la production de marchandises et du produit intérieur brut.

La réévaluation de l'autoproduction de biens permet non seulement de réduire la consommation de marchandises et, par conséquent, le produit intérieur brut, mais aussi de redécouvrir un savoir et un savoir-faire oubliés, considérés comme arriérés et peu scientifiques car ils n'ont pas pour finalité d'augmenter les quantités. Elle a donc une grande valeur culturelle, qui ne se limite pas à cette récupération des connaissances mais – c'est plus important encore – libère également de la dépendance absolue aux marchandises. Elle émancipe de la subordination aux lois du marché. Le prix des fruits augmente ? Peu m'importe, si je les produis moi-même. Plus importante est la quantité de biens qui peuvent être autoproduits, moindre est la quantité de marchandises qu'il faut acheter, moins il faut d'argent pour vivre. On n'est pas forcé de se retrouver bloqué dans les embouteillages, tous les jours ouvrables, deux fois par jour, sur les boulevards périphériques, pour aller gagner un salaire avec lequel acquérir tout ce qu'on ne sait pas autoproduire. On n'a pas besoin de faire la queue tous les jours fériés sur les autoroutes dans la tentative illusoire de compenser, avec un autre stress, le stress accumulé durant la semaine de travail.

La substitution de marchandises par des biens, de l'achat par de l'autoproduction, entraîne donc une décroissance du produit intérieur brut mais pas de restrictions d'approvisionnement, de sacrifices ni de renoncements. Il en découle au contraire de sensibles améliorations de la qualité de la vie individuelle et des conditions environnementales. Les fruits et les légumes autoproduits ne sont pas non plus comparables qualitativement à ceux produits industriellement. En outre, *dans leurs statuts ontologiques, le caractère de la croissance n'existe pas,* parce que cela n'a aucun sens de produire plus que ce que l'on consomme ou donne. Celui qui autoproduit plus que ses besoins se fatiguerait seulement inutilement. Et si dans leurs statuts ontologiques, le caractère de la croissance n'existe pas, la nécessité de la prothèse chimique pour la soutenir (antiparasites, désherbants, produits phytosanitaires, engrais de synthèse) n'existe pas non plus. Il n'y a donc pas de pollution des sols, ni de pollution de l'air provoquée par les consommations d'énergie nécessaires à produire et à transporter les prothèses chimiques, ni celles causées par le transport des marchandises des producteurs vers les consommateurs. Il n'y a ni emballages, ni déchets à ramasser et à évacuer. Et chacun de ces avantages est un facteur de décroissance.

A l'inverse, dans le patrimoine génétique des marchandises, le gène de la croissance est inhérent. Si le but de la production est la vente, son objectif est de vendre le plus possible. Mais pour vendre plus, il faut produire plus, à des coûts toujours plus bas pour soutenir la concurrence avec les autres producteurs qui font la même chose. De là naît l'exigence d'utiliser des prothèses chimiques et des technologies de pointe qui augmentent la productivité au détriment des milieux, d'avoir toujours besoin de plus de ressources énergétiques, d'agrandir les marchés en faisant parcourir aux marchandises des distances toujours plus longues, avec pour conséquence une augmentation de la pollution de l'air. Qui n'a jamais vu de poires produites en Amérique du Sud sur les étals des supermarchés européens ?

Toutefois, personne ne peut s'imaginer autoproduire tout ce dont on a besoin pour vivre. L'autoproduction de biens et de services peut cependant être augmentée par les échanges non mercantiles fondés sur le don et la réciprocité, qui en plus d'être des facteurs de décroissance économique, contribuent aussi à renforcer les liens sociaux. Le don et la réciprocité, qui ont organisé la vie économique des sociétés préindustrielles et qui, dans les pays industrialisés, ont apporté leurs bénéfices jusque dans les années 1950 du siècle passé, ne doivent pas être confondus avec les cadeaux achetés et donnés dans un nombre croissant de circonstances fictives, créées expressément pour augmenter la puissance du consumérisme. Ils ne peuvent pas non plus être réduits simplement au troc (échange de produits sans l'intermédiaire de l'argent), mais ils consistent essentiellement en un échange gratuit de temps, de professionnalisme, de connaissances, de disponibilité humaine. Dans toutes les sociétés de tous les lieux du monde où ils se sont réalisés, avant l'industrialisation et l'extension de la marchandisation à toutes les sphères de l'activité humaine, ces formes d'échange non basées sur l'argent ont suivi trois règles, non écrites, mais généralisées : l'obligation de donner, l'obligation de recevoir, l'obligation de rendre davantage que ce que l'on a reçu. De cette manière, on crée des liens sociaux, tandis que les échanges mercantiles les détruisent. Le mot « communauté », formé de l'union des mots latins *cum*, qui signifie « avec », et *munus*, qui signifie « don », indique un regroupement de personnes fondé sur des échanges non mercantiles, sur le don et la réciprocité, sur des liens sociaux plus forts que ceux exclusivement mercantiles qui lient les membres d'une société. Plus grande sera l'incidence des échanges fondés sur le don et la réciprocité, moindres seront les échanges mercantiles et la croissance du produit intérieur brut. Pour élargir toujours plus la sphère des marchandises et des échanges mercantiles, la société industrielle a progressivement détruit les échanges non mercantiles, même à l'intérieur des noyaux communautaires les plus forts, ceux fondés sur les liens du sang. Les familles se sont réduites au noyau serré des parents et des enfants, et même, dans les liens entre parents et enfants, les services à la personne fondés sur le don et la réciprocité ont été progressivement remplacés par des prestations payantes : en particulier le soin aux petits et aux anciens. Réévaluer les liens communautaires dans la famille, casser les limites mononucléaires dans lesquelles elle a été réduite, redécouvrir l'importance des rapports de voisinage, construire des groupements d'achat solidaires et des banques du temps (cette dénomination, « banque », montre bien à quel point la culture mercantile s'impose jusque dans le vocabulaire utilisé pour une forme de lien social qui se propose, au contraire, de casser les limites de la marchandisation dans la fourniture des services à la personne !), rendre aux grands-parents leur rôle éducatif et de transmission du savoir vis-à-vis des petits-enfants : tout cela entraîne une décroissance du produit intérieur brut à travers une réduction de la marchandisation des rapports interpersonnels, et en même temps de fortes améliorations de la qualité de la vie.

La sobriété, l'autoproduction et les échanges non mercantiles ne peuvent de toute façon pas abolir la dimension mercantile. Ce ne serait d'ailleurs pas souhaitable, parce que quelques biens et services peuvent uniquement être acquis et que s'en priver détériorerait les conditions de vie. Mais ils peuvent contribuer à la réduire de manière déterminante, en la limitant à ses dimensions physiologiques. Les activités de travail effectuées par les hommes se sont toujours subdivisées en trois domaines, qui peuvent s'imaginer comme trois cercles concentriques. Le cercle intérieur est constitué par l'autoproduction de biens, le cercle intermédiaire par les travaux effectués dans le domaine des échanges non mercantiles, et le cercle extérieur par les travaux effectués en échange d'argent. Dans les systèmes économiques fondés sur la croissance, les échanges mercantiles ont progressivement envahi les deux autres sphères de l'activité humaine, en substituant par des marchandises tant l'autoproduction de biens, jusqu'à la faire disparaître dans les villes, qu'un nombre croissant de services à la personne. Même si l'on reconquiert ces deux espaces en redimensionnant la sphère mercantile, il faut de toute façon maintenir la possibilité d'accéder à celle-ci, en effectuant des activités en échange d'argent de façon à pouvoir acquérir des activités et des produits qu'on ne peut faire soi-même ou s'échanger gratuitement.

Combien de choses peut-on ou convient-il d'autoproduire ? Cela dépend du lieu où l'on vit, du type de travail salarié que l'on fait, de la tranche d'âge, des caractéristiques de la famille, de la souffrance (culturelle, psychologique, existentielle) que l'on éprouve à rester enfermé dans la seule dimension mercantile. Chacun trouvera sa propre dimension optimale, en commençant petit et par ce qui lui semblera le plus facile ou le plus avantageux, pour étendre progressivement, s'il le trouve opportun, la sphère de l'autoproduction et des échanges non mercantiles. Mais comment celui qui a été éduqué à ne savoir rien faire pour être forcé à tout acheter, peut-il récupérer les connaissances qui ont été rayées de la mémoire collective ? En réalité, comme il en est de toutes les tentatives d'uniformisation, celle-ci n'a pas été tout à fait réussie. De ci, de là, il subsiste des niches de résistance qui, ces derniers temps, se sont multipliées et ont conquis de nouveaux partisans. Dans ces lieux, comme dans les monastères du premier et du deuxième millénaire, des patrimoines de connaissance ont été conservés qui autrement se seraient perdus. Dans de nombreux cas même, le savoir et le savoir-faire qui libèrent de la dépendance absolue aux marchandises ont été permis par une meilleure connaissance scientifique par rapport au passé. Un mouvement qui se pose comme objectif de recomposer les équilibres bouleversés par le mécanisme de la croissance économique, et qui poursuit la décroissance comme présupposé de cette reconquête, ne peut que proposer de mettre en réseau tous ces lieux où l'autoproduction des biens a encore un rôle central. Faire circuler le savoir et le savoir-faire qui les caractérisent peut permettre de réaliser une alternative concrète à la marchandisation totale caractéristique de la société de croissance. Le premier pas à accomplir est de faire une cartographie de ces lieux, en mettant en évidence les formes d'autoproduction qui y sont pratiquées. La connaissance réciproque peut activer les échanges d'informations et de savoirs qui permettent d'agrandir la gamme des biens autoproduits dans chacun d'eux, avec des effets bénéfiques, quantitatifs et qualitatifs, tant pour les personnes et les groupes directement touchés que sur le processus de la décroissance. Les lieux où l'on pratique des formes d'autoproduction sont nombreux. La variété des biens qui s'autoproduisent est plus vaste que ce que l'on peut imaginer, même pour celui qui a introduit cette pratique dans sa vie. Dans leur ensemble, ces lieux constituent déjà une proposition alternative à l'économie mercantile. Leur liaison permettra de répandre une nouvelle alphabétisation basée sur le savoir-faire, permettant à qui veut s'approcher de cette dimension de vie d'avoir une vision globale de ce qui s'autoproduit et des lieux dans lesquels on peut apprendre à faire ce que l'on désire. La constitution de ce réseau peut mettre en marche un processus multiplicateur avec des effets significatifs sur la décroissance du produit intérieur brut et, peut-être, aussi sur le bonheur individuel de nombreuses personnes. Ne serait-ce pas là, par hasard, la signification la plus profonde et la plus noble de la politique ?

III.

PAUVRETÉ ET RICHESSE

Qu'est-ce que la pauvreté, qu'est-ce que la richesse ? Une question très simple qui, passée au crible des critères d'évaluation d'un système économique fondé sur la croissance du produit intérieur brut, c'est-à-dire de la production de marchandises, reçoit des réponses compliquées, diverses et contradictoires. Selon la Banque Mondiale, l'Agence pour le Développement des Nations Unies et l'Unicef, il faut d'abord faire la distinction entre la pauvreté dans les sociétés opulentes, dans lesquelles le produit intérieur brut *par habitant* est haut et croît, et la pauvreté dans les pays « sous-développés », dans lesquels le produit intérieur brut par habitant est bas et croît peu, ou ne croît pas. Dans les sociétés opulentes, la pauvreté est *relative*. Dans les pays « sous-développés », elle est *absolue*.

Dans les sociétés opulentes, est considéré pauvre (pauvreté *relative*) celui qui a un revenu inférieur à la moitié du revenu moyen, c'est-à-dire celui qui ne peut pas acquérir au moins la moitié des choses qui sont en moyenne acquises par ses compatriotes. Un concept repris et adapté par l'Unicef aux enfants, qui sont définis comme pauvres lorsque la partie du revenu familial disponible pour eux est moins de la moitié du revenu moyen à disposition des enfants du même État. Dans les sociétés « sous-développées », est considéré pauvre (pauvreté *absolue*) celui qui a un revenu inférieur à un dollar par jour, mais une interprétation plus large retient que peut être considéré ainsi aussi celui qui a un revenu journalier d'un à deux dollars.

Ces paramètres sont communément acceptés par les instituts de recherche économique et sociale, les partis, les medias de masse, les associations de volontariat. Ils font partie de la culture partagée. Mieux : c'est un lieu commun. En général, pour établir les statistiques, on se base sur le nombre de pauvres relatifs dans les pays opulents et sur le nombre de pauvres absolus au niveau mondial. Sur la base de ces critères d'évaluation, l'Institut de recherches sociales EURISPES, dans son rapport de 2005, a calculé que 4,7 millions de familles italiennes (22 % de la population totale) et 14 millions de citoyens sont pauvres (relatifs), ou *presque pauvres*. Le Ministère du Travail, dans une étude publiée en 2003, en avait par contre compté *seulement* 7 millions, soit 12 % de la population. En ce qui concerne la pauvreté absolue, les statistiques sont élaborées par la Banque Mondiale qui, dans son rapport de 2004, a évalué à environ 3 milliards le nombre de personnes qui survivent avec moins de 2 dollars par jour. Presque la moitié de la population mondiale.

Le nombre de pauvres relatifs est utilisé dans la polémique politique entre majorité et opposition. S'il augmente, cela veut dire que la politique économique de celui qui gouverne ne favorise pas la croissance du produit intérieur brut et, donc, qu'elle fait augmenter la pauvreté. S'il diminue, cela veut dire que la politique économique de celui qui gouverne favorise la croissance du produit intérieur brut et donc de la richesse. Le nombre de pauvres absolus est utilisé pour dénoncer l'iniquité intrinsèque du marché, qui crée des différences sans cesse plus grandes entre un nombre de plus en plus limité de riches ultra-privilégiés dans les pays développés et un nombre toujours plus élevé de désespérés à la limite de la survie dans les pays « sous-développés ». De là découle la demande d'une meilleure équité dans la distribution de la richesse produite au niveau mondial.

Ces critères d'évaluation de la richesse et de la pauvreté sont intrinsèques à la culture d'un système économique et productif fondé sur la marchandisation totale et sur la croissance du produit intérieur brut parce qu'ils mesurent, tant la pauvreté relative que la pauvreté absolue, avec des paramètres monétaires. Avec la capacité d'acquérir des marchandises. L'autoproduction de biens n'est même pas prise en considération. En réalité, dans une société opulente, avec une capacité d'achat inférieure à la moitié de la moyenne on est (relativement) pauvre seulement si on n'autoproduit rien. Si on autoproduit une grande partie des biens nécessaires aux besoins alimentaires, si la plupart des services à la personne s'échangent gratuitement à l'intérieur des noyaux familiaux (et d'ailleurs mieux si ces derniers ne sont pas mononucléaires) ou au travers des liens de solidarité réciproque, avec le même revenu on n'est pas pauvre, parce que le besoin d'accéder à la sphère des marchandises se limite à ce qu'on ne sait pas ou qu'on ne peut pas faire soi-même. Même dans les pays pauvres, deux dollars de revenu indiquent la pauvreté absolue seulement si on n'autoproduit rien, mais ils acquerraient une valeur différente s'ils étaient complémentaires à une sphère significative d'autoproduction.

Dans un système économique fondé, non sur la marchandisation absolue et sur la croissance du produit intérieur brut, mais sur la synthèse entre autoproductions, échanges de voisinage basés sur le don et la réciprocité et échanges mercantiles complémentaires aux deux autres sphères d'activité économique, la pauvreté absolue est la privation et l'impossibilité de se procurer ce qui est nécessaire à une vie digne : une maison offrant abri et confort, de la nourriture et des vêtements en suffisance, des biens immatériels et matériels nécessaires à satisfaire les exigences généralement reconnues comme indispensables. Elle ne serait pas mesurée en termes monétaires, mais selon la satisfaction réelle de besoins historiquement et socialement donnés. Pas par la quantité de tomates qui peuvent s'acheter, mais par les tomates effectivement mises à table.

Comme paramètre de bien-être et de richesse, le revenu monétaire, c'est-à-dire la possibilité d'acheter des marchandises, est plus aléatoire que l'autoproduction. En effet, si pour quelque raison que ce soit, les supermarchés et les magasins de vêtements ne pouvaient pas être réapprovisionnés, l'argent ne pourrait ni se manger, ni s'enfiler ; s'il y avait des difficultés d'approvisionnement de pétrole, on obtiendrait bien peu de chaleur en brûlant les billets de banque ; si les prix des ressources fossiles montaient en flèche, la richesse mesurée sur base du revenu se réduirait en proportion inverse. Comme indicateur de richesse, un potager ou un bois, c'est-à-dire la possibilité d'autoproduire des biens, sont beaucoup plus significatifs qu'un compte en banque, c'est-à-dire la possibilité d'acheter des marchandises. Mais les biens autoproduits pour l'autoconsommation n'entrent pas dans le calcul de la comptabilité et de la richesse nationale, alors que les marchandises, oui. La croissance des comptes en banque et des échanges commerciaux sont des facteurs de développement. L'autoproduction non, parce qu'elle ne fait pas croître le produit intérieur brut. Et un pays qui ne se développe pas est, par définition, « sous-développé ». C'est-à-dire pauvre.

L'évaluation de la richesse et de la pauvreté en termes de revenus se base sur l'idée que les sociétés fondées sur la croissance de la production de marchandises sont plus développées que les sociétés dans lesquelles l'autoproduction de biens garde un rôle déterminant. Puisque l'autoproduction de biens est inversement proportionnelle à la production de marchandises, les sociétés dans lesquelles l'autoproduction de biens conserve un rôle déterminant sont arriérées et pauvres, selon la culture des sociétés fondées sur la croissance de la production de marchandises. Un philosophe attentif aux sentiments et à leur incidence sur les dynamiques sociales comme Umberto Galimberti, dans son livre *Les choses de l'amour*, écrit en passant : « Encore aujourd'hui, là où les sociétés sont pauvres et où le maintien du noyau familial est essentiel dans une économie de subsistance (…) ». Économie de subsistance et pauvreté sont identifiées comme synonymes. Cela toutefois ne l'empêche pas de soutenir que les sociétés industrielles doivent cesser de croître [1].

Si l'on considère que la pauvreté est un mal à extirper, on en déduit que les sociétés fondées sur l'économie de subsistance doivent être aidées à se rapprocher du chemin du développement. Pour extirper la pauvreté absolue, on doit faire en sorte que les pays « sous-développés » deviennent des pays « en voie de développement ». Ils s'insèrent donc dans le circuit de l'économie mercantile pour pouvoir croître. Ils réduisent le nombre d'agriculteurs et ils augmentent le nombre d'ouvriers. Ils remplacent la production agricole pour l'autoconsommation par de la production agro-industrielle pour la vente, la variété des espèces cultivées pour leurs besoins alimentaires par la monoculture d'espèces plus productives et rentables, l'agriculture biologique par l'agriculture chimique, les semences autochtones qui, au cours des siècles, se sont adaptées aux caractéristiques géomorphologiques et climatiques des lieux, par des graines sélectionnées génétiquement afin d'en augmenter la productivité. Dans la meilleure des hypothèses, suite à ces transformations, le revenu par habitant augmentera (mais pas dans la même mesure pour tous) et on pourra acquérir, sous forme de marchandises qualitativement pires, les produits qu'on autoproduisait auparavant sous forme de biens qualitativement meilleurs. Dans la pire des hypothèses, plus réaliste, la concurrence internationale des pays plus évolués technologiquement et plus riches économiquement contraindra à maintenir si bas les prix de vente des produits agricoles que les modestes augmentations de revenus monétaires ne permettront pas de compenser par l'achat de marchandises la perte de l'autosuffisance productive de biens. Quant à l'emploi dans les industries appartenant aux multinationales, ou qui produisent pour elles, la dérisoire croissance du revenu monétaire dérivant de salaires à la limite de la survie ne permet certainement pas une sortie de la pauvreté ; ni la discipline de caserne, ni la durée des horaires de travail, ni le manque de mesures les plus élémentaires de sécurité ne constituent une amélioration de la qualité de la vie. Que ce soit dans l'agriculture ou dans l'industrie, la croissance ne se transformera pas en bien-être, mais en aggravation des conditions de vie.

De façon similaire, pour combattre la pauvreté relative dans les sociétés opulentes, on pense qu'il faudrait faire dépasser le seuil des 50 % du revenu moyen à ceux qui se situent en-dessous. Il faudrait donc augmenter leur revenu et leur capacité de consommation afin qu'ils puissent acheter au moins la moitié de ce qu'achètent en moyenne leurs compatriotes. Pour augmenter leur revenu, il faudrait donc augmenter le produit intérieur brut, c'est-à-dire la production et la vente de marchandises. Mais il est aussi vrai que pour augmenter la production de marchandises, il faudrait augmenter la capacité de consommation des pauvres relatifs. Comment fait-on pour vendre des quantités croissantes de marchandises sans permettre à un nombre toujours plus important de personnes de passer le samedi après-midi dans les centres commerciaux à acheter des produits de moins en moins utiles, sans cesse présentés par la publicité comme indispensables pour ne pas se sentir pauvre ? Mais si pour faire augmenter le revenu monétaire des pauvres relatifs, il faut faire augmenter le produit intérieur brut, chaque augmentation de cette valeur se traduit par une augmentation du revenu moyen *par habitant*, et donc le seuil de la pauvreté relative s'élève. Dans un système fondé sur la croissance, le seuil de la pauvreté relative mesuré en termes de revenu monétaire ne peut qu'augmenter. En 2003, suivant la CGIL (ndt : Confederazione Generale Italiana del Lavoro, Confédération générale italienne du travail), en Italie, on était pauvre avec un revenu de 800 euros par mois [2]. En 2005, suivant l'Institut de recherches économiques ISIAE (ndt : Istituto di Studi e Analisi Economica, Institut d'études et d'analyses économiques), dans la perception des Italiens, les attentes et les désirs, additionnés aux besoins, demandaient un revenu minimum de 1250 euros [3]. Bien qu'ayant à leur disposition un revenu toujours plus important, les pauvres relatifs ne sortent pas de leur condition. Ils restent pauvres relatifs. Sans cesse approvisionnés d'objets de moins en moins utiles, qui deviennent des déchets dans des délais de plus en plus brefs, mais toujours sous le seuil des 50% d'un revenu moyen toujours plus élevé, conséquence de leur propre augmentation de revenu.

Si, conformément aux paramètres d'une société fondée sur la production de marchandises, la pauvreté est évaluée en termes de revenu monétaire insuffisant, il semble évident que l'unique chose à faire pour la réduire soit d'augmenter la disponibilité économique de celui qui se trouve dans cette condition. Pourtant, ce chemin n'est pas évident non seulement parce qu'il ne permet pas d'obtenir les résultats recherchés, mais aussi parce qu'il empêche d'entrevoir une autre possibilité beaucoup plus efficace : celle de réduire le besoin de marchandises en développant l'autoproduction de biens. L'insuffisance de revenu monétaire est ainsi surmontée par l'élimination du besoin d'acquérir tout ce qui s'autoproduit. Une société fondée sur la croissance peut-elle poursuivre ce type de solution qui entraîne une décroissance économique ? Peut-elle imaginer quelque chose qui implique une mutation de sa nature ? Si celui qui est contraint à la souffrance de la pauvreté ne se l'imagine même pas, cela veut dire, pour reprendre les termes de Pasolini, qu'une mutation anthropologique s'est produite : que cette perspective a été rayée du domaine du possible. En plus de fournir l'unique solution réaliste au problème de la pauvreté, relative et absolue, l'autoproduction a donc une valeur politique de contraste par rapport aux mécanismes économiques qui l'engendrent, et une valeur culturelle de libération par rapport aux schémas mentaux de la marchandisation absolue imposés aux êtres humains. Il s'agit d'un aspect incontournable de ce processus que Serge Latouche définit comme la « décolonisation de l'imaginaire ».

IV.

DÉCROISSANCE, TRAVAIL ET EMPLOI

Si le nombre de ceux qui autoproduisent le yaourt croît de manière considérable (il n'en sera pas ainsi, car tout le système continuera à faire croire que c'est un progrès et une libération de temps d'aller l'acheter), la demande de yaourt produit industriellement diminuera. Par conséquent, les industries du secteur devraient réduire leurs préposés et leurs commandes de petits pots en plastique, de couvercles d'aluminium et de cartons imprimés pour leur emballage. Les entreprises qui fabriquent ces produits devraient à leur tour éclaircir le nombre de leurs travailleurs, et le nombre de camions qui convoient, partout en Italie, le yaourt, les petits pots en plastique, les couvercles d'aluminium et les cartons imprimés de leur emballage diminuerait aussi. Ce serait alors au tour des entreprises de logistique de licencier et de réduire les commandes de carburant pour le transport routier. L'excès de production s'étendrait aux raffineries qui seraient forcées de licencier et de diminuer les importations de pétrole. Il y aurait finalement une réduction de plastique, d'aluminium et de carton dans les déchets. Du coup, les entreprises qui les ramassent et/ou gèrent les décharges et les incinérateurs verraient diminuer leurs profits et seraient forcées de redimensionner leurs effectifs. Mais les réductions d'emploi dérivant de la diminution de la demande de yaourt ne s'arrêteraient pas là parce que tous les chômeurs de ces secteurs, n'ayant plus de revenu monétaire, feraient diminuer la demande de toutes les autres marchandises, en initiant un processus de licenciement en chaîne. En admettant que l'autoproduction du yaourt puisse améliorer, de manière infinitésimale, la qualité de vie de celui qui la pratique, cette amélioration se produirait au prix d'une aggravation totale de la vie de tous les licenciés qui en dériveraient. Le rapport coût-bénéfice serait désastreux.

En apparence, il semble que ce raisonnement soit implacable. En réalité, si on l'analyse avec attention, on remarque qu'il repose sur la synthèse de trois présupposés, considérés comme tellement évidents qu'ils ne doivent plus être démontrés :

— l'identification du travail avec l'emploi, c'est-à-dire avec le travail salarié ;

— la conviction que la croissance économique fait croître l'emploi ;

— la conviction que la décroissance économique fait décroître l'emploi.

Ces trois présupposés exigent pourtant quelques réflexions.

Dans les statistiques économiques, la population est divisée en deux grandes catégories : les forces de travail et les non-forces de travail. Les forces de travail sont à leur tour subdivisées en deux sous-ensembles : les occupés, c'est-à-dire ceux qui exercent une activité en échange de revenus monétaires, et les chômeurs, c'est-à-dire ceux qui n'ont pas d'emploi, mais qui en cherchent un. Les non-forces de travail comprennent les catégories de personnes qui n'ont pas d'emploi et qui n'en cherchent pas, soit parce qu'ils ne sont pas encore, ou ne sont plus, en condition de le faire (les tranches d'âge de 0 à 15 ans ; les femmes de plus de 65 ans et les hommes de plus de 70 ans), soit parce qu'ils n'en ont pas besoin (rentiers), soit parce qu'ils choisissent de ne pas le faire (femmes au foyer).

Si une personne produit directement les fruits et les légumes avec lesquels elle nourrit sa famille, elle ne figure pas parmi les occupés parce que son travail n'est pas effectué en échange d'un revenu monétaire et n'engendre pas de revenu monétaire ; elle ne figure même pas parmi les chômeurs. Elle ne fait pas partie des forces de travail : elle *ne travaille pas.* Cela semble incroyable mais c'est ainsi. Celui qui produit des fruits et des légumes pour le marché, comme agriculteur, comme exploitant ou comme salarié agricole, c'est-à-dire qu'il exerce la même activité que celui qui produit pour lui-même, mais le fait en échange d'argent, est occupé et inséré dans les forces de travail. Les femmes au foyer, qui travaillent quotidiennement au moins le double d'heures par rapport à tout occupé, et même si leur travail a en moyenne une utilité plus grande, ne sont pas incluses dans les forces de travail car leur activité n'est pas exercée en échange d'argent et n'engendre donc pas de revenu monétaire. Elles *ne travaillent pas.* Quiconque exerce une activité non rémunérée, quelle que soit son utilité, n'est pas occupé et ne fait pas partie des forces de travail.

D'ou viennent ces absurdités, ces non-sens auxquels on donne une valeur scientifique ? Du fait que les biens autoproduits et les services autogérés empêchent que leur place soit occupée par des produits et des services offerts en échange d'argent. Ils entravent la croissance du produit intérieur brut. Chaque bien autoproduit et chaque service autogéré constitue une entrave, une alternative à une marchandise, raison pour laquelle un système fondé sur la croissance de la production de marchandises ne peut pas ne pas en réduire progressivement l'incidence et les dévaloriser culturellement, en utilisant tout l'appareil des moyens de communication de masse pour faire croire que le passage de l'autoproduction d'un bien à l'achat d'une marchandise constitue un progrès, depuis l'ironie sur l'étroitesse mentale de celui qui continue à se casser le dos pour produire des tomates qui peuvent commodément s'acheter au supermarché, jusqu'à la *damnatio nominis* (ndt : l'oubli forcé du nom) : les activités qui produisent des biens pour l'autoconsommation et les services autogérés ne sont pas insérés dans les statistiques économiques parce qu'*ils ne sont pas des travaux*. Et ce ne sont pas des travaux parce qu'ils ne produisent pas un revenu monétaire. Ils sont le résidu d'un monde archaïque, technologiquement arriéré, craignant les changements, conservateur voire réactionnaire, incapable d'apprécier les valeurs et les avantages de la modernité.

Pour réaliser des transferts en masse de la production de biens à la production de marchandises, véritables exodes bibliques de l'autosuffisance économique à la dépendance absolue au marché, aucun moyen n'a été négligé. Au début, on a eu recours à la violence. Dans l'Angleterre du XVIIIe siècle, la clôture des terrains agricoles et l'abolition des terres communes forcèrent les petits paysans à abandonner les campagnes et à déménager en ville, où la loi punissait la mendicité par la réclusion en usine-prison, raison pour laquelle ils étaient obligés de devenir ouvriers. Les luddites, qui s'opposaient à l'industrialisation, furent punis non seulement par la répression armée, mais même par la *damnatio memoriae* (ndt : l'effacement de la mémoire collective). L'introduction de taxes dans les pays coloniaux fut utilisée pour obliger les natifs à abandonner la production de biens, qui ne fournissent pas l'argent nécessaire à les payer, et à les forcer à la production de marchandises, qui par contre donnent un revenu monétaire. En plus de détruire leur culture, cette imposition a détruit leurs milieux en réduisant la richesse biologique de la production agricole pour l'autoconsommation à la monoculture agro-industrielle. Sans jamais abandonner la violence et le contrôle répressif, des systèmes de persuasion de masse ont été ensuite développés – cinéma, radio, journaux, revues, publicité, télévision et télévision satellite – pour imposer comme valeurs positives et progressistes les règles de comportement fonctionnelles de la croissance économique : l'innovation, la modernité, la science et la technologie, la richesse monétaire, le consumérisme, l'identification du bien-être avec beaucoup d'avoirs même lorsqu'il engendre du malaise : les embouteillages de 200 kilomètres sur l'autoroute pour aller de la ville-travail où se produisent les marchandises à la ville-villégiature où se dépense en marchandises l'argent gagné à les produire, une folie collective qui fait croître le produit intérieur brut et rend heureux celui qui, à l'université, a étudié que les comptes doivent être précédés du signe plus.

C'est seulement si l'on retient que ce système économique, dans lequel l'humanité s'est insérée depuis un peu plus de deux siècles, est le meilleur des systèmes possibles, que l'emploi peut s'identifier au travail et qu'il devient une valeur absolue. Même les usines d'armements créent de l'emploi, mais si le travail est l'activité par laquelle l'espèce humaine améliore ses conditions de vie, la production d'armements est une contradiction en soi. Même les usines de mines qui mutilent les enfants créent de l'emploi. Pourtant celui qui a étudié à l'université que les comptes doivent être précédés d'un signe *plus* soutient l'exportation d'armes et s'en réjouit même. Même la drogue crée de l'emploi : celui qui en tire un revenu peut accéder à la sphère des marchandises licites qui autrement lui serait interdite, et contribuer par ses achats à la croissance du produit intérieur brut. Mais, si non seulement il n'est pas une valeur absolue, *l'emploi n'épuise même pas le concept de travail.* Il n'est pas tout le travail possible, mais seulement la partie dédiée à la production de marchandises, qui acquiert un rôle totalisant seulement si on n'est plus capable de produire des biens et si la survie dépend de l'achat de marchandises. Si, au contraire, on valorise la dimension de l'autoproduction, plus on autoproduira des biens, moins il nous faudra acheter de marchandises et donc moins on aura besoin de revenu monétaire, même si l'on ne peut pas imaginer s'en passer totalement. Si une économie produisant exclusivement des marchandises (heureusement, même l'économie industrielle n'est pas dans ce cas) constitue une utopie négative, une économie qui se proposerait de produire exclusivement des biens serait aussi une utopie négative. Mieux vaut un peu, et un peu en doses variables, en fonction des circonstances historiques et environnementales.

La décroissance du produit intérieur brut dérivant du développement de l'autoproduction de biens peut entraîner une diminution de l'emploi, mais pas du travail, et compense cette diminution du revenu monétaire par une nécessité moindre d'acquérir des marchandises. La part de revenu monétaire dont on a besoin pour vivre est inversement proportionnelle à la quantité de biens que l'on autoproduit. Plus grande est la quantité de travail utilisée à la production de biens, moindre est la nécessité de travailler en échange d'un revenu monétaire. L'augmentation des biens autoproduits n'est pas seulement en mesure de pallier la réduction du pouvoir d'achat des marchandises mais – et c'est ce qui importe le plus – elle constitue aussi une amélioration qualitative que l'on ne pourrait obtenir autrement. Si l'autoproduction du yaourt s'étendait, les travailleurs du secteur laitier pourraient dédier la réduction du temps de travail salarié qui en découlerait à produire du pain, des végétaux qualitativement supérieurs à ceux qu'ils achètent, à dédier plus de temps à leurs enfants ou à leurs parents au lieu de les confier à des inconnus contre paiement, à inventer un rapport de couple plus beau, à développer ensemble leur savoir (approfondir l'Histoire de l'art, écouter de la musique, lire la *Divine Comédie*) et leurs savoir-faire (la restauration de mobiliers, les réparations, l'entretien), à passer leur temps libre de manière moins coûteuse, plus saine et créative que les queues de deux-cents kilomètres sur l'autoroute.

Toutefois, la décroissance n'entraîne pas nécessairement une réduction d'emploi[1]. Au contraire, si elle est bien guidée politiquement (Elemire Zolla parlait de « récession bien tempérée ») dans cette phase historique, elle constitue *l'unique modalité pour augmenter l'emploi dans les pays industrialisés*. Avant de voir comment ceci est possible, il faut encore vérifier si, comme on le croit généralement et ainsi que le répètent obsessivement les politiciens, les économistes, les industriels, les syndicalistes et les journalistes, la croissance économique est indispensable pour faire croître l'emploi. Les données de l'ISTAT (ndt : Istituto nazionale di statistica, l'Institut national de statistique italien) le démentent. De

1960 à 1998 en Italie, le produit intérieur brut à prix constants a plus que triplé, passant de 423 828 à 1 416 055 milliards de lires (valeur aux prix de 1990), la population a crû de 48 967 000 à 57 040 000 habitants, soit un accroissement de 16,5 %, mais le nombre d'occupés est resté constant autour des 20 millions (ils étaient 20 330 000 en 1960 et 20 435 000 en 1998). Une croissance aussi considérable non seulement n'a pas fait croître l'emploi en valeurs absolues, mais elle l'a fait diminuer en pourcentage, de 41,5 % à 35,8 % de la population. Elle s'est limitée à le redistribuer entre les trois secteurs productifs, en le déplaçant d'abord de l'agriculture vers l'industrie et les services, puis, à partir des années 1970, aussi de l'industrie vers les services.

Si la croissance du produit intérieur brut ne crée pas d'emploi, à plus forte raison pourrait-on penser que la décroissance n'en crée pas non plus. On tient d'ailleurs pour acquis que la décroissance en cause inévitablement une diminution. Si produire plus de marchandises n'a pas demandé plus d'occupés, en produire moins n'en demandera que moins. Mais est-ce vrai ? Si on respectait la réglementation en vigueur (loi 10 de 1991), en Italie, le chauffage des bâtiments absorberait 140 kW au mètre carré par an. En réalité, on en consomme beaucoup plus. En Allemagne, où il fait plus froid, il est interdit de dépasser les 70 kW au mètre carré par an. La même valeur a été imposée par la Province de Bolzano. En Allemagne et dans la province de Bolzano, il y a des entrepreneurs du bâtiment, des professionnels et des techniciens qui construisent des bâtiments avec des consommations énergétiques moindres. Les plus efficaces maintiennent une température intérieure de 20 degrés avec une consommation inférieure à 15 kW au mètre carré par an. Un dixième des limites maximales prévues par la loi italienne. Si on plaçait au coeur de la politique économique nationale la restructuration des bâtiments existants pour réduire leurs consommations énergétiques aux standards en vigueur en Allemagne, on épargnerait de la moitié aux deux tiers des ressources fossiles actuellement utilisées pour le chauffage, ce qui représente environ un tiers de toutes les importations. Ce choix ferait diminuer d'environ 20 % les consommations globales de ressources fossiles, à parité de confort thermique. La rénovation des bâtiments entraînerait ainsi une forte réduction de la consommation d'une marchandise qui pèse très lourdement sur la balance commerciale, et par conséquent une réduction significative du produit intérieur brut, mais aussi une forte croissance de l'emploi dans les secteurs technologiques qui augmentent l'efficacité énergétique de l'industrie du bâtiment. Cette décroissance créerait un nombre d'emplois qu'on ne pourrait atteindre autrement, et d'autant plus d'emplois qu'elle est importante. En pratique, c'est un gigantesque transfert d'argent qui serait activé, de l'achat de ressources fossiles vers le paiement de revenus monétaires de travaux qui diminuent les émissions altérant le climat et qui améliorent la qualité de l'air. Outre le fait d'être quantitativement considérable, cette création d'emplois aurait même d'extraordinaires connotations qualitatives, bien différentes de celles de l'exportation d'armements. Des perspectives analogues peuvent être ouvertes par toutes les innovations technologiques qui n'ont pas pour but d'augmenter la productivité, mais de réduire la consommation de ressources, la pollution et les déchets à parité de production. Le recyclage des déchets permet d'obtenir des matières premières secondaires et d'épargner des ressources, donc de réduire les coûts. Si on consomme moins de matières premières et si l'on dépense moins, le produit intérieur brut décroît, mais pour tirer des ressources substitutives des déchets, il faut de nouveaux professionnels et davantage d'emplois qui transforment en revenus monétaires les économies qu'il permet d'obtenir. La réduction de la pollution environnementale fait épargner les coûts d'assainissement, donc elle entraîne une décroissance, mais elle réclame de nouvelles technologies et de nouveaux professionnels pour mettre au point des processus productifs qui, pour être moins polluants, doivent être plus développés technologiquement. Même dans ce cas, l'emploi contiendrait des connotations qualitatives et absolument opposées à l'exportation d'armements.

La micro-cogénération en elle-même mérite qu'on s'y attarde, parce qu'elle additionne les deux aspects de la décroissance : la sobriété, en ce sens qu'elle entraîne une réduction des consommations à travers la récupération des gaspillages, et l'autoproduction d'énergie pour l'autoconsommation, une *autoproduction innovatrice.* Autrement dit, celle-ci ne consiste pas dans la récupération des potentialités d'avenir inhérentes aux technologies du passé hâtivement abandonnées (comme l'autoproduction agricole) pour obéir aux impératifs de la croissance, mais dans l'application de cette logique économique préindustrielle à une technologie plus avancée que celle actuellement en usage dans les grandes installations. Les mêmes considérations valent pour toutes les énergies renouvelables qui, pour exprimer au mieux leur efficience et pour réduire au minimum leur impact environnemental, doivent être de petite taille et construites afin de permettre l'autoproduction pour l'autoconsommation. Une centrale photovoltaïque recouvre de matériaux inorganiques d'énormes superficies en y empêchant le déroulement de la photosynthèse chlorophyllienne, manière dont l'écosystème terrestre absorbe le CO_2 de l'atmosphère et le transforme en énergie. Une installation photovoltaïque sur le toit d'une maison occupe une superficie déjà recouverte de matériaux inorganiques et ne cause pas d'impacts environnementaux supplémentaires. L'énergie produite par une centrale doit être transportée sur de longues distances et une partie se disperse le long des fils de transmission. L'énergie autoproduite s'utilise sur le lieu où elle se produit et ne doit pas être transportée. Cela dit, la mise en évidence de ce modèle de micro-cogénération permet avant tout de tenir un discours sur ce qui est immédiatement réalisable et non futuriste, et en second lieu d'effectuer une comparaison avec l'industrie automobile dont elle est la fille répudiée, mais pas illégitime.

Un micro-cogénérateur est composé d'un moteur de voiture, d'un alternateur et de quelques échangeurs de chaleur insérés dans une boîte de métal insonorisée. Le moteur de voiture fait tourner l'alternateur, qui produit de l'énergie électrique. Pendant qu'il effectue ce travail, dans lequel l'énergie chimique du combustible se transforme en énergie mécanique avec un rendement d'environ 25 %, le moteur développe en même temps de l'énergie thermique avec un rendement d'environ 70 %. Avec une partie de cette énergie thermique, celle du radiateur, en hiver on réchauffe l'habitacle de l'auto. Outre la chaleur du radiateur, les échangeurs des micro-cogénérateurs utilisent aussi l'énergie thermique des gaz d'échappement (environ 700 degrés) et du carter pour réchauffer l'eau des radiateurs et des sanitaires. Si leurs pouvoirs thermiques sont tarés sur les besoins en chaleur, l'énergie électrique qu'ils produisent est nettement supérieure à leur propre besoin d'utilisation. C'est pourquoi elle peut être cédée en grande partie au réseau. Pour produire la même énergie électrique en centrale et la même énergie thermique dans une chaudière, il faudrait le double de combustible. Chaque micro-cogénérateur réduit donc de moitié la consommation de ressources fossiles à service énergétique égal. Il engendre une décroissance. Toutefois, si l'on stimulait un programme national de remplacement des chaudières par des micro-cogénérateurs, combien d'emplois pourrait-on créer ? Dans ce cas-ci aussi, les salaires et les traitements s'obtiendraient par des économies sur l'importation de ressources fossiles. Mais il y a un autre élément à considérer : la technologie pour construire les micro-cogénérateurs est la même que celle de l'automobile. A la différence que la production automobile a plus que saturé le marché et que depuis plus d'une décennie elle réduit constamment le nombre de ses travailleurs. En outre, les voitures qui circulent contribuent à environ 30 % des émissions de CO_2, des particules fines et de la pollution atmosphérique. Par contre, le marché des micro-cogénérateurs est à inventer totalement. Il y a une énorme potentialité d'expansion et l'emploi qui pourrait se créer dans ce secteur en reconvertissant la production d'une partie des sociétés automobiles, pourrait être à la fois significatif et de qualité, parce qu'il contribuerait à réduire les émissions de CO_2 et la pollution atmosphérique. Voulons-nous ôter de notre esprit ce mythe de la croissance ? Voulons-nous cesser de diaboliser la décroissance ?

V.
DÉCROISSANCE ET PAYS PAUVRES

On en vient spontanément à penser, tout bien considéré, que si un peu de décroissance dans les pays riches ne ferait pas de mal, comme ne ferait pas de mal une réduction des repas à leurs citoyens obèses, dans les pays pauvres, où le problème à combattre n'est pas l'obésité mais la malnutrition, ce serait un contresens. À celui qui a trop, même si pour l'économie de marché ce n'est jamais assez, on peut proposer de se modérer, surtout parce que ce « trop » est désormais la cause de tous ses maux, mais celui qui a trop peu, peut-on lui proposer d'avoir encore moins ?

Défions même les règles du marché : demandons à ces 20 % de la population mondiale qui consomment 80 % des ressources de freiner leur course et de laisser quelque chose de plus aux 80 % qui doivent se diviser les quelques 20 % de ressources restantes. Mais le revenu des pays pauvres ne peut pas ne pas croître si l'on souhaite qu'ils sortent de la pauvreté. N'est-ce pas ainsi ?

Après la chute de l'Union Soviétique, qui achetait le sucre à Cuba à des prix nettement supérieurs à ceux du marché, l'économie de l'île est entrée en crise et la structure productive agro-industrielle fondée sur la monoculture de la canne à sucre s'est décomposée. Les agriculteurs n'avaient plus d'argent pour acheter le carburant pour les machines agricoles, ni les engrais de synthèse et toutes les autres prothèses chimiques nécessaires à la production intensive. Selon les données de la FAO (ndt : Organisation pour l'alimentation et l'agriculture, des Nations-Unies), en 1989 chaque Cubain mangeait environ 3 000 calories par jour. Quatre ans plus tard, cette valeur était descendue à 1 900. En pratique, les habitants sautaient un repas par jour. Puis quelque chose a changé : à la place des cultures de canne à sucre sont nés des milliers de petits potagers dans lesquels sont cultivés des fruits et des légumes. En manque de produits chimiques, le système agricole est devenu de facto biologique. Au lieu des tracteurs, la traction animale a été réintroduite. L'abattage des bœufs a été interdit, l'Institut de recherche pour l'agriculture a mis à disposition le projet d'une charrue multifonctions pour le labour et le sarclage. Des foires sont organisées pour la vente des animaux, des boutiques de vente de rênes et de harnais sont nées. Le nombre de ferroniers a quintuplé. Les deux tiers des terres, qui appartenaient à l'État, ont été redistribués à des coopératives ou à des agriculteurs individuels qui peuvent vendre leurs excédents. De cinquante-mille couples de bœufs présents à Cuba en 1990, on est passé à quatre-cent-mille en 2000. Le système a fonctionné tellement bien qu'aujourd'hui les Cubains se sont réapproprié le repas journalier qu'ils avaient perdu [1].

La décroissance économique, réalisée par le passage d'une production pour le marché à une autoproduction pour l'autoconsommation, d'une production de marchandises à une production de biens, de la canne à sucre aux fruits et légumes, de la quantité dopée chimiquement à la qualité des cycles naturels, a augmenté le bien-être des Cubains et amélioré la qualité du milieu dans lequel ils vivent. Elle les a rendus moins développés et plus riches. Maintenant, non seulement ils mangent davantage (de 1 900 à 3 000 calories par jour), mais ils mangent mieux : ils ont accès à plus de variétés et celles-ci sont cultivées biologiquement. Elle a réduit l'emploi et a créé du travail, elle a substitué le revenu avec lequel ils achetaient ce qu'ils parvenaient à trouver sur le marché par l'autoproduction de ce qu'ils veulent. Elle a enrichi le patrimoine collectif du savoir et du savoir-faire à travers la redécouverte de métiers qui émancipent par rapport aux fluctuations des prix imposés par les multinationales sur la base de leurs intérêts. Aujourd'hui, les Cubains ont plus parce qu'ils connaissent plus. Ils ont un revenu réel, fait de biens, qui dépend seulement de leur travail. Pas un revenu aléatoire comme un revenu monétaire. Mais ils sont passés des tracteurs aux couples de bœufs, des mécaniciens aux artisans du cuir, des joints à cardan aux harnais, des engrais chimiques au fumier, des boîtes de conserve au coulis de tomate. Est-ce un progrès ou une régression ?

La « révolution verte » a été l'un des moyens utilisés par les Etats-Unis pour contrecarrer l'influence exercée par l'Union Soviétique sur les mouvements de libération du Tiers-monde. Au-delà de l'aspect symbolique (contrer la « révolution rouge »), ce slogan indiquait une politique tournée vers l'augmentation des rendements de production agricole dans les pays du Sud au moyen de l'emploi de fertilisants chimiques. L'objectif était d'en finir avec la faim pour vaincre toute tentation de choix révolutionnaire. Du reste, pour la première fois dans l'histoire de l'humanité, le procédé de fixation de l'azote permettait d'ouvrir, grâce à l'utilisation de grandes quantités d'engrais à bas coût, la perspective d'entrer dans une ère d'abondance. « Les résultats d'ailleurs ne tardèrent pas à venir : les rendements du froment passèrent de 0,9 tonne par hectare avec les variétés traditionnelles à 4 ou 4,5 tonnes en 1954 et même à 6 tonnes en 1964 ; celles du riz de 16 à 27 quintaux par hectare entre le quinquennat 1961-65 et celui de 1988- 92. [...]. Suivant les statistiques de la FAO, en 1998, en Asie, 84 % du froment et 74 % du riz étaient cultivés avec de telles variétés. [...] Le Mexique rejoint l'autosuffisance pour le froment en 1956 et devient exportateur net d'un demi-million de tonnes en 1964. L'Inde suivra la même route. Elle est devenue exportatrice de froment vers la moitié des années 1980. Durant les années 1980 vint aussi le tour de l'Afrique, qui n'avait pas encore été touchée jusqu'alors » [2]. Pourtant, malgré cette croissance extraordinaire du rendement agricole, la faim dans le monde n'a pas disparu. Au contraire, le nombre de personnes qui en meurent ou qui sont sous-alimentées a augmenté. Pourquoi ?

L'usage des fertilisants chimiques pour augmenter le rendement entraîne le passage d'une agriculture de subsistance à une agriculture mercantile. De la biodiversité pour l'autoconsommation à la monoculture de l'espèce la plus rentable pour le lieu. Les fertilisants chimiques coûtent et l'argent nécessaire à leur acquisition ne peut être obtenu que si l'on vend ce qui est produit, ou bien seulement si l'on produit pour vendre. Mais les accroissements de la production qui permettent d'obtenir l'augmentation de l'offre entraînent une diminution des prix de vente. En outre, ils appauvrissent la fertilité des sols, pour lesquels des quantités croissantes de fertilisants sont alors nécessaires. Les petits producteurs se retrouvent ainsi avec des coûts de plus en plus importants et des bénéfices de plus en plus maigres. Par conséquent, ils ne sont pas en mesure de soutenir la concurrence avec les grands producteurs, et ils ne parviennent pas non plus à sortir du manège infernal dans lequel ils se sont engouffrés, parce qu'en ayant cessé d'autoproduire pour l'autoconsommation, ils doivent acheter tout ce dont ils ont besoin. La croissance a été leur ruine et la ruine du sol dont auparavant ils tiraient le nécessaire pour vivre. S'ils restent dans ce cercle vicieux, l'argent qu'ils en retirent n'est pas suffisant pour acquérir ce dont ils ont besoin. S'ils décident d'en sortir pour se tourner vers la biodiversité et l'agriculture biologique de subsistance (on ne retourne pas en arrière, n'est-ce pas ?), ils doivent reconstituer l'humus, appauvri jusqu'à la désertification par la fertilisation chimique et la monoculture. Et il faut des années. Ceci sans parler des problèmes posés par la pollution des nappes phréatiques. Dans une étude de l'Organisation Internationale du Travail (OIT), on peut lire : « La faim et la malnutrition augmentent très rapidement surtout là où est arrivée la Révolution Verte »[3]. Pourtant, la croissance n'entend pas la voix de la raison. Être déraisonnable, du reste, est dans sa nature. Pour augmenter le rendement agricole, elle se fie à présent aux biotechnologies et aux organismes génétiquement modifiés, les nouveaux moyens de la nouvelle Révolution Verte qui feront entrer l'humanité dans une nouvelle ère d'abondance. Et elle critique les dommages environnementaux causés par l'agriculture chimique, qu'elle avait soutenue comme moyen d'abondance, seulement pour embobiner les sots et magnifier les avantages des OGM qui permettraient de s'en passer. En réalité, les problèmes écologiques que créerait la chimie étaient connus, mais ils étaient considérés comme moins importants que les avantages économiques qu'ils apporteraient. Maintenant les partisans de la croissance récupèrent les critiques des écologistes à l'encontre de la chimie, qu'ils avaient jusqu'alors toujours repoussées, et ils se préparent à abandonner la chimie seulement parce que les nouvelles frontières du progrès scientifique et technologique permettent d'augmenter encore la production. Dans quelques années, un autre institut de recherche dira que la faim et la malnutrition ont augmenté très rapidement surtout là où a eu lieu la seconde Révolution Verte.

Pierre Rabhi cultive pour l'autoconsommation, depuis plus de quarante ans, un bout de terre agricole dans les Cévennes du sud. Né en 1938 en Algérie, arrivé en 1958 à Paris, après avoir travaillé deux ans dans un atelier comme ouvrier spécialisé, il a abandonné la ville pour la campagne, où il comptait concrétiser une dimension différente du travail, pas dans le but du profit, donc de la maximisation du rendement, mais de l'autoproduction. Pas à vivre *de la* terre, mais *avec la* terre. Immédiatement, il s'aperçut que l'agriculture, elle aussi, avait été engloutie par la même logique mercantile que la production industrielle ayant pour but la croissance quantitative. Les fonctionnaires du Crédit Agricole lui refusèrent un prêt de 15 000 francs français (équivalent au coût d'une voiture de moyenne cylindrée) en prétextant qu'ils ne voulaient pas l'aider à se suicider. En échange, ils lui présentèrent quelques fermes qui lui auraient permis de « faire de l'argent » et ils lui offrirent un prêt de 400 000 francs français pour en acquérir une. Il expérimenta pour quelque temps, en tant qu'ouvrier agricole, les techniques avec lesquelles on faisait de l'argent en agriculture : revêtu d'un bleu de travail, d'un masque et de gants, il passait la plus grande part de son temps à pulvériser des substances hautement toxiques dans l'air et le sol. Après deux ans de cette vie, il réussit finalement, grâce au prêt d'un ami, à acheter des terrains à cultiver pour l'autoconsommation, où il commença à produire biologiquement tout ce dont il avait besoin et à expérimenter des techniques de fertilisation naturelle plus sophistiquées que les traditionnelles, parvenant à transformer un terrain médiocre en un terrain riche de substances organiques. À laisser à ses enfants un lieu dans un meilleur état que celui dans lequel il l'avait trouvé. Au début des années 1980, il décide de transmettre son savoir et son savoir-faire, acquis par l'expérience, aux paysans pauvres du Sahel, en fondant avec d'autres personnes à Gorom-Gorom, au Burkina Faso, le premier Centre africain de formation en agro-écologie, où il enseigne comment augmenter la fertilité des sols avec des techniques naturelles et produire pour l'autoconsommation, en échappant au piège de la monoculture agro-industrielle et de la marchandisation [4].

De tous les continents de la planète, l'Afrique est le plus riche en ressources, et elle est sous-peuplée. Sa population est égale à celle de l'Europe alors qu'elle est trois fois plus étendue. Elle est aussi trois fois plus grande que la Chine mais n'abrite qu'un tiers de sa population. Cependant, c'est le continent où la pauvreté sévit le plus. « Cela est certainement dû au fait – soutient Pierre Rabhi – que ses richesses sont soumises depuis plusieurs siècles au pillage. Mais pas seulement. La misère endémique qui sévit sur mon continent natal, comme du reste dans la majorité des régions qualifiées de sous-développées, vient pour une grande partie de ce que l'on impose à des populations qui n'ont rien demandé à personne, des modes de production qui ne sont adaptés ni à leurs territoires, ni à leurs savoir-faire, ni à leurs formes d'organisation sociale. La nouvelle donne moderniste, introduite par la colonisation et poursuivie par la politique du libre-échange, peut être illustrée de la manière suivante : ces gens-là représentent un potentiel productif, donc on les connecte au système marchand en leur faisant cultiver des produits exportables selon le processus habituel de l'agro-industrie : on leur fournit les semences et les intrants avec le mode d'emploi ; après récolte, le paysan amène son ballot de coton à la coopérative, qui l'expédie aux Pays-Bas ou ailleurs pour y être valorisé ; en bout de chaîne le petit producteur reçoit sa part du prix de vente diminuée du coût des fournitures. Ne maîtrisant ni le premier, ni le second, il ne peut alors que constater sa dépendance à l'économie mondiale et à ses fluctuations : coût des engrais indexés sur le dollar (il faut trois tonnes de pétrole pour fabriquer une tonne d'engrais), cours des marchandises soumis à spéculation, diktats du Fond Monétaire International et de la Banque Mondiale... Comme l'agriculture vivrière a été entretemps éradiquée au profit de monocultures (coton, café, arachides...), dans le but exclusif de l'exportation, le paysan africain se retrouve dans l'impossibilité de sortir du système » [5].

« Au Burkina Faso, actuellement (ndt, en 2003), presque cinquante-mille paysans pratiquent l'agro-écologie. Qu'est-ce que les marchands d'engrais chimiques peuvent y faire ? Rien. Ils ont d'autant moins les moyens de les dissuader que ceux-ci ont déjà essuyé les échecs de l'agriculture chimique et ne sont pas prs d'y revenir. Maintenant, ce vivier de gens que j'ai enseignés et qui ont parfaitement intégré ce qu'est l'agriculture écologique, vont essaimer à leur tour dans les communautés » [6].

L'autoproduction, le refus d'intégrer la logique mercantile, l'abandon de la chimie et le choix de la fertilisation naturelle, la préférence donnée aux biens au lieu du revenu monétaire, à la variété biologique plutôt qu'à la monoculture, la valorisation du local et la fidélité à sa propre culture, l'autosuffisance et l'autonomie à la place de la subordination au marché mondial, les ont fait sortir de la pauvreté dans laquelle les avait enfermés l'imposition du modèle économique fondé sur la croissance de la production de marchandises. Le refus de la croissance a augmenté leur bien-être matériel et amélioré la qualité des milieux dans lesquels ils vivent et dont ils tirent de quoi vivre. Ils sont restés sous-développés, mais sont devenus plus riches, parce qu'ils ont augmenté la quantité et amélioré la qualité des biens alimentaires qu'ils portent à leur table. Et ils ne subissent pas les conséquences des fluctuations des prix sur le marché mondial.

VI.

EFFICACITÉ, SOBRIÉTÉ ET AUTOPRODUCTION ÉNERGÉTIQUE

Les problèmes posés par la croissance furent portés pour la première fois à l'attention de l'opinion publique en 1972 par le livre *Halte à la croissance,* dans lequel étaient publiés les résultats d'une recherche commandée par le Club de Rome à un groupe de scientifiques du Massachusetts Institute of Technology [1]. En relation avec la croissance des consommations énergétiques, le rapport mettait en évidence la possibilité que les ressources fossiles ne soient pas en mesure de satisfaire les besoins mondiaux après 2010 et dénonçait l'aggravation de la pollution atmosphérique causée par les processus de combustion. Par conséquent, la nécessité d'en réduire l'usage s'imposait. Mais comment le faire sans compromettre la croissance économique et productive des sociétés industrielles ? Comment le faire sans empêcher les pays pauvres d'atteindre des niveaux supérieurs de bien-être ? Dans le débat qui suivit la publication du rapport se dessinèrent deux positions alternatives en forte polémique entre elles. Les partisans de la première soutenaient que la réduction des consommations de ressources fossiles pouvait amplement être compensée par la fission nucléaire, une technologie développée et expérimentée, en mesure de satisfaire en peu de temps une part consistante de la demande d'énergie électrique, en plus sans émission de CO_2 et d'oxydes de soufre. Les partisans de la seconde position soutenaient qu'il fallait par contre miser sur l'énergie solaire. Le soleil – avançaient-ils – envoie chaque jour sur la terre une quantité de kilowatts-heure en mesure de satisfaire dix mille fois les besoins énergétiques de toute l'humanité. Gratuitement et de manière propre. Pour utiliser cette ressource, il était nécessaire d'accélérer, par le biais d'investissements publics, le développement et la diffusion des technologies capables de transformer l'énergie solaire en énergie électrique et en chaleur. Plus particulièrement, les panneaux photovoltaïques avaient déjà atteint une efficacité de transformation si élevée qu'ils étaient presque compétitifs sur le marché avec les centrales thermoélectriques. La technologie nucléaire, par contre, était très dangereuse et les risques d'incidents avec fuite et diffusion de substances radioactives dans l'environnement, très élevés. De surcroît, même si tout se passe bien, les déchets du combustible atomique conservent leur radioactivité jusqu'à cent mille ans et on ne se sait pas comment les rendre inertes. Le même problème se pose avec les centrales, qui après trente ans d'activité doivent être démantelées suite aux radiations absorbées par leurs structures. Ne pouvant nier ces problèmes, les partisans du nucléaire rétorquaient que le développement scientifique et technologique futur aurait permis de les résoudre, comme cela avait toujours été le cas par le passé. L'important était de mettre en place le plus vite possible une alternative aux ressources fossiles. Ce que le solaire ne permettait pas, malgré les prévisions optimistes de ses partisans, parce que son rendement était tellement faible que sa contribution était à peine plus que symbolique. Pour qu'il devienne significatif, il aurait fallu encore quelques décennies d'expérimentation et de recherche, tandis que l'alternative au pétrole ne pouvait pas être reportée.

Il n'aurait pu exister positions plus éloignées. Pourtant, malgré leurs divergences, les deux étaient unies par la même approche méthodologique, puisqu'on identifiait, dans le développement d'une ressource énergétique alternative, la solution aux problèmes posés par la nécessité de réduire la consommation de ressources fossiles. Devant la perspective d'un déficit de l'offre, à cause de l'épuisement de la ressource et/ou suite à l'aggravation des problèmes environnementaux posés par son usage, une perspective que la crise énergétique qui éclata en automne 1973 concrétisa de façon dramatique tout juste un an après la publication du rapport du Club de Rome, les partisans des deux positions, tout en n'excluant pas l'utilité d'une diminution de la demande en réduisant les gaspillages, pensaient qu'on ne pouvait pas en obtenir grand'chose et que la solution au problème consistait fondamentalement dans l'accroissement de l'offre d'une ressource alternative. Le cadre conceptuel des deux propositions était identique. La divergence concernait la ressource qui pouvait jouer ce rôle. Les faits démontreraient qu'ils avaient tous deux tort de soutenir leur proposition, et raison tous les deux de critiquer l'autre.

La première phase de confrontation se termina par la victoire provisoire des partisans du nucléaire. Le plan énergétique national adopté par le Parlement italien en 1977 prévoyait la construction de six centrales atomiques de 2000 mégawatts chacune. Mais le résultat bascula en 1986 lors du plus grave accident possible avec ce type d'installation : la fusion du noyau dans la centrale russe de Tchernobyl contamina presque tout le continent européen. L'opinion publique comprit alors que les partisans du solaire avaient eu raison de mettre en garde contre le nucléaire et vota en faveur du référendum qui demandait son élimination du plan énergétique. Ce fut la défaite des partisans de cette technologie, mais pas la victoire de leurs adversaires, parce que dans les décennies suivantes, les énergies renouvelables ne connurent pas le développement technologique ni la diffusion qu'ils annonçaient comme imminents. En particulier le photovoltaïque qui, bien qu'il ait reçu des subventions à fonds perdus jusqu'à 75 % des coûts d'investissement, n'a jamais réussi à dépasser le seuil de 1 %. Un peu insuffisant comme alternative au pétrole.

Tandis que l'attention des medias de masse, des politiciens et de l'opinion publique se concentrait sur ces deux hypothèses qui suscitaient des débats enflammés et séparaient les deux camps, dans l'indifférence la plus totale, une petite minorité soutenait que pour réduire au maximum, et dans les plus brefs délais, la consommation des ressources fossiles, le meilleur choix stratégique n'était pas leur substitution par d'autres ressources, mais la diminution des consommations énergétiques par la réduction du gaspillage et l'amélioration de l'efficacité énergétique. Plus de la moitié de toute l'énergie qui est extraite, transportée, transformée, transportée encore dans sa nouvelle forme et finalement utilisée, est gaspillée. Seul un tiers du pétrole qui entre dans les centrales thermoélectriques devient électricité. Deux tiers se dispersent dans l'environnement sous forme de chaleur non utilisée. Et une partie de l'électricité qui sort des centrales est perdue le long des lignes de transmission. Lorsque finalement elle arrive dans les maisons, on en perd encore à cause du très mauvais rendement des lampes et des appareils électroménagers. Pour le chauffage des locaux, en plus des pertes causées par la faible efficacité des chaudières, au moins la moitié de la chaleur produite se disperse dans l'atmosphère à cause de la mauvaise isolation des bâtiments. Si l'on réduit ces gaspillages et ces inefficacités, on obtient des réductions de consommation de ressources fossiles bien supérieures à celles qu'on aurait en les remplaçant par d'autres ressources. À des coûts plus bas et en moins de temps. Également d'un point de vue environnemental, un kilowatt-heure économisé vaut beaucoup mieux qu'un kilowatt-heure remplacé. Dans ces conditions, le pivot sur lequel il faut agir n'est pas l'offre, mais la demande d'énergie. La réduction de la demande d'énergie que l'on peut obtenir en réduisant les gaspillages et les inefficacités permet non seulement d'obtenir une diminution des consommations de ressources fossiles plus élevée que celle que l'on peut obtenir en diversifiant l'offre, mais demande des coûts d'investissement inférieurs et engendre des économies qui, après amortissement de l'investissement, se traduisent en une diminution stable des dépenses de gestion. Les avantages économiques sont directement proportionnels aux avantages écologiques. Compte tenu du fait qu'actuellement les ressources renouvelables coûtent plus cher et offrent un moins bon rendement que les ressources fossiles, la diminution de la demande constitue la condition à leur développement.

Les propositions centrées sur la substitution d'une partie de l'offre de ressources fossiles par des ressources alternatives – le nucléaire et le solaire –, même si elles sont opposées, répondent à la logique de la croissance. Elles considèrent l'accroissement des consommations énergétiques comme une donnée immuable et visent à le satisfaire par des ressources différentes. La proposition de réduire la consommation de ressources fossiles au moyen d'une réduction de la demande d'énergie correspond par contre à la logique de la décroissance et implique une diminution du produit intérieur brut. Il était inévitable que dans un système fondé sur la croissance de la production et des consommations, cette proposition ne serait pas entendue, même si elle s'avérait la plus efficace et la plus avantageuse. Le mot « décroissance » ayant été éliminé de l'usage et remplacé dans le nouveau langage par l'expression « croissance négative » (ainsi, même négative, elle reste croissance et pas décroissance), elle n'a même pas été prise en considération, comme cela arrive à toute hypothèse de recherche scientifique et technologique qui entraîne la perspective d'une diminution du produit intérieur brut. Si, malgré tout, quelqu'un la formule, il se condamne à la marginalisation, même si ses propositions sont concrètes et raisonnables. Par contre, chaque proposition visant à relancer une croissance sans vigueur, ou à l'aider à surmonter une crise, aussi irréaliste, extravagante, dangereuse soit-elle, suscite l'intérêt, anime les débats, remplit les pages des journaux, crée des camps. L'énergie que le soleil envoie chaque jour sur la terre peut satisfaire dix mille fois tous les besoins de l'humanité. Les difficultés d'exploiter l'énorme puissance dégagée par l'énergie atomique ont été résolues par une puissance technologique encore plus grande. Ne sont-ce pas les prérequis pour poursuivre sur la voie de la croissance ? Ce que le pétrole, à cause de son épuisement proche et des problèmes environnementaux qu'il crée, ne pouvait plus garantir.

Toujours rangés sur des fronts opposés en se regardant de travers, les partisans du nucléaire et les partisans du solaire ont continué pendant des décennies à se reprocher réciproquement leurs échecs respectifs sans toutefois pouvoir afficher un quelconque succès. Entretemps, la recherche d'une ressource mythique inépuisable et propre, capable de libérer la croissance des limites qui lui sont imposées par le pétrole, est allée de l'avant. De la fission, le témoin passa à la fusion nucléaire dont, année après année, on annonçait la réalisation de la maturité technologique dans cinquante ans. Puis vint la fusion froide, pour laquelle, après les premières réalisations expérimentales annoncées en fanfare, il fut prévu le même intervalle de temps semi-séculaire, également reporté année après année. Lorsque la perspective des fusions atomiques à température variable commença à devenir trop évanescente, sa place fut prise par l'hydrogène, sur lequel se sont rués les partisans des ressources alternatives de tous les camps, à l'exception de quelques sceptiques rechignant à rentrer dans le rang. À la remarque que l'hydrogène à l'état libre n'existe pas dans la nature, les partisans des ressources alternatives ont répondu qu'on pourrait l'obtenir en quantités illimitées avec l'électrolyse de l'eau. Donc pour obtenir de l'hydrogène avec lequel faire de l'énergie électrique dans les cellules à combustible, il faut d'abord produire de l'énergie électrique, ont observé ironiquement les récalcitrants.

Et comment pensez-vous la produire ? Avec le photovoltaïque, ont répondu les partisans du solaire. Avec le nucléaire, ont répondu leurs adversaires. En se regardant de travers, comme il y a trente ans. Durant cette longue période, passée dans l'attente d'un brillant futur technologique qui aurait balayé toutes les limites, personne n'a pris la peine d'accroître l'efficacité et de réduire le gaspillage. Dans tous les cas, tôt ou tard, on n'en aurait pas eu besoin.

Les entreprises qui produisent, distribuent et vendent de l'énergie n'ont pas le moindre intérêt à augmenter l'efficacité dans les usages finaux et à réduire le gaspillage, parce que cela entraînerait une baisse de la demande et donc de leurs bénéfices. Mieux vaut un bâtiment avec de fortes déperditions thermiques qu'un bâtiment bien isolé. Mieux vaut une lampe à incandescence qu'une lampe à haute efficacité. Mieux vaut convaincre les gens de rester à l'intérieur en tee-shirt avec le chauffage à 24 degrés que leur proposer de chauffer à 18 degrés et d'enfiler un pull-over en laine [2]. Mieux vaut faire payer le chauffage dans les copropriétés sur la base de millièmes que sur la base de la consommation, parce que le paiement sur la base de la consommation incite à ne pas gaspiller. À se comporter avec plus d'intelligence et de sobriété. Toutefois, les entreprises qui produisent et vendent de l'énergie, dans une situation de concurrence qui comporte davantage de producteurs, seraient enclines à améliorer l'efficacité de leurs procédés de production pour réduire les coûts et proposer des prix plus compétitifs sur le marché. Celui qui produit de l'électricité dans une centrale à cycle combiné avec un rendement de 55 % consomme moins de combustible, réduit ses coûts et peut proposer des prix plus bas que celui qui produit dans une centrale thermoélectrique traditionnelle avec un rendement de 38 %. Dans un contrat de gestion de la chaleur [b], celui qui utilise des chaudières à condensation consomme moins de méthane et peut

b. Note de l'éditeur. En Italie, le contrat de gestion de la chaleur est un contrat qui garantit à un prix forfaitaire annuel la fourniture d'une certaine quantité de chaleur dans les appartements, généralement 20 à 22 degrés, comme prévu par la loi italienne, indépendamment de la quantité de combustible nécessaire pour l'assurer. Les augmentations des coûts de ce dernier ne sont pas couvertes par le contrat : si elles dépassent un certain pourcentage, le prix forfaitaire annuel sera augmenté (ou diminué). L'objectif est le maintien de la performance des installations.

faire payer les calories à un prix plus bas que celui qui continue à utiliser des chaudières inefficaces. Dans la production d'énergie et dans la fourniture de services énergétiques, la concurrence force à augmenter le rendement pour réduire les consommations à la source à parité de kilowatts-heure fournis. Comme effet secondaire, on obtient aussi une réduction des émissions de CO_2. Dans une situation de monopole, il n'y a pas de compétition ; c'est pourquoi l'efficacité globale du système est plus basse, le gaspillage plus important, les émissions de CO_2 supérieures. Le gaspillage et la faible efficacité, tant dans les procédés de transformation énergétique que dans les usages finaux de l'énergie, aggravent la qualité de la vie et de l'air, mais ils augmentent le produit intérieur brut. La réduction du gaspillage et l'augmentation de l'efficacité, tant dans les procédés de transformation énergétique que dans les usages finaux de l'énergie, améliorent la qualité de la vie et de l'air, mais ils réduisent la croissance du produit intérieur brut. Plus, c'est mieux ? Moins, c'est pire ?

Les monopoles dans le secteur énergétique ont été constitués par la volonté politique. Ils sont nés en tant que monopoles publics. Leur récente privatisation n'a pas résolu les problèmes posés par le manque de concurrence et a renversé leurs rapports avec le pouvoir politique. Si auparavant leurs dirigeants étaient désignés par le système politique, actuellement beaucoup d'administrateurs publics sont choisis et soutenus politiquement par leurs conseils d'administration. Si autrefois les deniers publics couvraient leur déficit, dû aux fonctions non rentables à caractère social qu'ils devaient remplir, aujourd'hui leurs bénéfices couvrent le déficit des bilans publics. Ce renversement des rapports constitue une atteinte à la démocratie parce qu'il soustrait de fait au contrôle des électeurs la gestion de parts de plus en plus importantes d'argent public investi pour des fonctions d'utilité publique. Forts de leur situation privilégiée sur le marché national (Enel, Eni et leurs filiales) ou local (les ex-intercommunales), ainsi que de leur influence sur les décideurs politiques, les monopoles, anciennement publics, maintenant privés, constituent le principal obstacle à la libéralisation du marché, c'est-à-dire à la définition d'un contexte normatif dans lequel quiconque le souhaite puisse devenir producteur d'énergie, ou puisse acheter l'énergie à qui il veut. Sans la libéralisation, non seulement il n'y a pas de concurrence qui constitue la condition pour le développement de l'efficacité énergétique (et pour la réduction de la demande d'énergie qui s'ensuit), mais on ne peut pas réaliser l'autoproduction, qui est le moyen fondamental pour réduire le poids du marché aussi dans ce secteur.

L'opinion commune la plus répandue est que les monopoles publics ont été un moyen pour dépasser la logique de marché dans certains secteurs productifs à forte valeur sociale : l'énergie, l'eau, les déchets, les transports publics, les télécommunications. En réalité, ils ont été un moyen avec lequel le marché a éliminé toutes les poches de résistance à son expansion. Avant la nationalisation de l'énergie électrique, l'autoproduction avait des dimensions non négligeables, surtout au niveau industriel, mais rien n'aurait empéché son développement même dans le secteur civil si la technologie avait été en mesure de réaliser des installations de petite taille (ce qui s'est produit seulement à partir des années 1970). La constitution du monopole d'État l'en a empêché. L'énergie électrique devait seulement s'acheter. On pouvait en bénéficier uniquement sous forme de marchandise. Elle ne pouvait pas être un bien. La nationalisation n'a pas été une limitation, mais une extension totalisante du marché. Pour quelle raison peut-on penser autoproduire l'énergie électrique dont on a besoin, sinon par commodité ? Sinon parce que l'énergie autoproduite coûte moins cher que celle qu'on achète ? Pour moins coûter, soit on produit avec plus d'efficacité à partir des ressources fossiles (cogénération), soit on utilise la ressource renouvelable la plus intéressante du territoire (le vent, le soleil, un cours d'eau, une forêt). Dans les deux cas, on réduit la consommation de ressources fossiles. Donc l'avantage économique personnel contribue à l'amélioration de la qualité environnementale. Cependant, celui qui autoproduit les kilowatts-heure dont il a besoin est un client de moins pour celui qui vend la marchandise « énergie », il fait diminuer la demande et décroître le produit intérieur brut.

Les consommations électriques de chaque utilisateur, civil, commercial, professionnel, industriel, varient pendant la journée. À certaines heures, elles sont plus intenses, à d'autres moins, et parfois presque nulles. Dans les habitations, pour les familles dont les deux parents travaillent et dont les enfants vont à école, elles sont moindres en matinée et en début d'après-midi. Dans la seconde moitié de l'après-midi, le soir et le matin au réveil, elles atteignent les pics les plus élevés. La nuit, elles tournent aux niveaux les plus bas. Une famille qui autoproduit son énergie électrique, par exemple en utilisant une chute d'eau, durant les heures où elle ne la consomme pas, que peut-elle en faire sinon la vendre ? Mais comment peut-elle la vendre si le marché n'est pas libéralisé, si on ne permet pas à ceux qui peuvent le faire de vendre de l'énergie, si on ne permet pas à ceux qui l'achètent de l'acheter à ceux qui la vendent au prix le plus avantageux ? Les autoproducteurs ne sont donc pas seulement des clients de moins pour celui qui vend de l'énergie : ils sont en outre des concurrents potentiels. Celui qui contrôle le marché de manière monopolistique et qui est lié par un double fil au pouvoir politique fera tout pour empêcher qu'il y ait des autoproducteurs. Dans les entreprises commerciales et artisanales, dans les cabinets professionnels et dans les industries, les consommations énergétiques suivent une courbe complémentaire à celle des particuliers. Les niveaux les plus hauts s'enregistrent durant les heures diurnes des jours ouvrables. Du soir aux premières heures du matin, ils descendent au minimum. La même complémentarité se vérifie durant les jours fériés, lorsque les consommations énergétiques sont les plus élevées dans les familles et presque nulles sur les lieux de travail. Dans un marché libéralisé, celui qui voudrait autoproduire de l'énergie électrique n'aurait pas avantage à installer une puissance en mesure de couvrir les pics de ses consommations, parce qu'il devrait soutenir un coût d'investissement excessif par rapport à ses exigences, pour avoir un surplus excessif dans la plupart des heures de la journée. Il lui suffirait de produire une puissance en mesure de satisfaire ses besoins moyens et de rester relié au réseau électrique. Pour proposer une donnée de référence, les habitations familiales avec des compteurs de 3 kilowatts utilisent en moyenne une puissance de 800 watts. Selon cette configuration, durant les heures où l'on consomme moins d'électricité que celle produite, on peut céder les excédents au réseau, tandis que durant les heures où l'on en produit moins que celle qui est consommée, on peut prélever du réseau celle qui manque. Puisque les heures pleines des activités productives correspondent aux heures creuses des familles et vice-versa, l'autoproduction, dans un système énergétique libéralisé, détermine une situation d'équilibre entre la demande et l'offre et augmente au maximum l'efficacité de la production.

Le développement de l'autoproduction énergétique redessine complètement le système énergétique, en opérant un déplacement d'une structure centralisée – composée de quelques grandes installations de production reliées à un système de distribution unifié, complexe, redondant, prévu pour transporter à longue distance – à une structure en réseau d'installations de tailles réduites, dispersées sur le territoire, interconnectées avec un réseau de systèmes de distribution à rayon court, sur le modèle du réseau informatique. Cela entraîne le dépassement de la division rigide des rôles entre quelques grands producteurs-vendeurs et une myriade de consommateurs-acheteurs, parce que tous les consommateurs peuvent potentiellement être des autoproducteurs qui échangent leurs excédents. De cette manière, la distance entre la production et la consommation s'annule, pour l'énergie autoconsommée, et se réduit, pour l'énergie échangée, raison pour laquelle les pertes de transmission diminuent. En même temps, le système devient plus flexible et moins vulnérable en cas d'accidents. En outre, les installations de petite taille réduisent au maximum l'impact de la production électrique sur l'environnement, dont même les ressources renouvelables ne sont pas exemptes. Pour construire une centrale photovoltaïque, il faut recouvrir de matériaux inorganiques (métaux, silicium, plastique, verre) de très vastes surfaces de territoire naturel, où la végétation absorbe le dioxyde de carbone à travers la photosynthèse chlorophyllienne. Par conséquent, si d'une part on réduit les émissions de ce gaz dans l'atmosphère, de l'autre on réduit les quantités qui en sont soustraites et transformées en matière organique. Une petite installation photovoltaïque installée sur le toit d'une maison et destinée à l'autoconsommation ne crée pas ce problème. L'autoproduction énergétique effectuée via de petites installations distribuées sur le territoire, tarées sur les exigences de l'autoconsommation et reliées à un réseau de systèmes de distribution à court rayon, réduit au maximum la commercialisation de l'énergie, son gaspillage, alors qu'elle augmente au maximum l'efficacité des procédés de transformation et des usages finaux de l'énergie. Elle fait décroître le produit intérieur brut sans renoncement, en améliorant la qualité de l'air et de la vie de ceux qui le respirent.

Si dans les automobiles qui, chaque matin, se mettent en file sur les périphériques, il y avait quatre personnes plutôt qu'une, il en circulerait seulement un quart, et l'on réduirait ainsi en proportion les embouteillages, les émissions de CO_2 et les particules fines. La vitesse de déplacement augmenterait et l'air serait plus propre. Si, l'hiver, au lieu d'être à la maison en tee-shirt par 24 degrés, on se limitait à 18 degrés avec un pull-over, lorsqu'on sortirait en plein air, le corps serait sujet à des sauts de température moins abrupts et l'on tomberait moins souvent malade. Les émissions de CO_2 et les particules fines diminueraient. Si, lorsqu'on a trop chaud, au lieu d'ouvrir les fenêtres, on diminuait les radiateurs… La sobriété dans les usages finaux de l'énergie est une manifestation d'intelligence qui n'entraîne pas de limitations ou de renoncements et qui améliore la qualité de la vie et réduit la croissance.

Si l'on réduisait le gaspillage dans les procédés de transformation énergétique et dans les usages finaux de l'énergie, on pourrait avoir les mêmes services énergétiques en consommant moins d'énergie à la source et on réduirait les émissions polluantes dans l'atmosphère. La croissance de l'efficacité est une manifestation d'intelligence qui n'entraîne pas de limitations ou de renoncements et qui améliore la qualité de la vie et réduit la croissance.

Si l'on développait l'autoproduction énergétique avec des installations qui réduisent au maximum l'impact sur l'environnement et limitent la commercialisation aux seuls excédents, on disposerait de tous les services énergétiques dont on a besoin, sans limitation, en achetant moins, en consommant moins, en améliorant la qualité de l'environnement et de la vie. L'autoproduction est une manifestation d'intelligence qui n'entraîne pas de limitations ou de renoncements et qui améliore la qualité de la vie et réduit la croissance.

VII.

CROISSANCE, INNOVATION ET PROGRÈS

Un système économique fondé sur la croissance du produit intérieur brut est innovateur par nécessité intrinsèque. Pour augmenter l'offre de marchandises, il a besoin de l'innovation continue des processus visant à développer la productivité, c'est-à-dire les quantités produites par unité de temps. Pour augmenter la demande, il a besoin d'innovations continues de produits visant à rendre obsolètes les marchandises acquises dans des délais de plus en plus courts, de façon à réduire les durées de remplacement. Les deux innovations dépendent fondamentalement des développements de la technologie, qui à leur tour dépendent des développements de la recherche scientifique, même si, dans les innovations de processus, les innovations d'organisation ont un rôle décisif et, dans les innovations de produits, les innovations esthétiques ont un rôle aussi important. Plus importantes sont les innovations, plus rapide est leur succession, plus importante est la croissance de la production et de la consommation de marchandises. Dans un système économique qui mesure la croissance du bien-être avec la croissance du produit intérieur brut, l'innovation devient une valeur en soi. Elle s'identifie avec l'idée d'amélioration. Puisque les innovations modifient la situation existante de façon continue, la disponibilité au changement assume un rôle central dans le système des valeurs partagées. Elle devient une vertu publique. Et vice-versa, la résistance aux innovations devient un vice à éradiquer, une manifestation de fermeture mentale à ridiculiser, une attitude d'un autre temps sans droit de citoyenneté dans la modernité. Le neuf est beau, meilleur, plus développé. Le vieux est laid, moins bon, arriéré.

La valorisation de la nouveauté en tant que telle implique une conception de l'histoire humaine comme un progrès. Si l'histoire est interprétée comme une constante, même non linéaire, comme un avancement vers le mieux, alors ce qui se produit aujourd'hui est meilleur que ce qui s'est produit hier, et ce qui se produira demain sera meilleur que ce qui se produit aujourd'hui. Chaque nouveauté qui change le présent est tenue pour une amélioration. Les nouveautés sont plus fréquentes et le progrès plus rapide dans les périodes historiques caractérisées par une plus grande propension au changement. Par contre, durant les périodes où une attitude conservatrice prévaut et où les nouveautés peinent à s'imposer, le progrès ralentit. Toutefois, la conservation est destinée à être vaincue parce que le progrès a pour lui la force de la science et de la technologie, les deux sphères de l'activité humaine ontologiquement progressives parce que les découvertes scientifiques et les innovations technologiques augmentent en continu le patrimoine du savoir et du savoir-faire accumulé dans le passé et constituent les prémisses nécessaires à d'autres découvertes scientifiques et à d'autres innovations technologiques, qui l'augmenteront à leur tour dans le futur. En sciences et en technologie, le savoir et le savoir-faire actuels sont considérés comme supérieurs à ceux d'hier et inférieurs à ceux de demain. Le progrès dans l'histoire humaine se fonde sur les progrès scientifiques et technologiques, ou bien sur une connaissance de plus en plus profonde de la réalité dont dérive une capacité toujours plus importante à la modifier pour tirer des quantités de plus en plus élevées de biens, par l'exploitation de ses ressources. Si, en fait, grâce aux progrès de la science et de la technologie la richesse produite croît, non seulement la quantité de biens matériels croît, mais on peut également investir plus de ressources dans les biens immatériels : éducation, culture, connaissance désintéressée, santé, temps libre.

La culture des sociétés qui ont posé comme base de l'activité économique la croissance du produit intérieur brut est progressiste. Toutes ses manifestations se placent consciemment à l'intérieur d'un paradigme délimité par les deux piliers de l'idéologie du progrès et de l'idéologie de la croissance. Qui sont finalement la même chose, vue à partir de deux perspectives différentes, parce que sans croissance il n'y a pas de progrès et sans progrès il n'y a pas de croissance. Plus grande est la croissance et plus grand est le progrès, plus grand est le progrès et plus grande est la croissance. Dans les sociétés qui ont posé comme base de l'activité économique la croissance du produit intérieur brut, la valeur de l'innovation en tant que telle n'est remise en question par personne et dans aucun camp. Tous se proclament innovateurs et progressistes. Personne ne se définit comme conservateur, parce que l'idée exprimée par ce mot a été totalement discréditée : il n'indique plus une attitude de respect pour le passé et de méfiance pour les innovations qui tendent à le rayer, mais un positionnement décalé par rapport au flux de l'histoire, la position d'une épave abandonnée sur le rivage d'un fleuve et destinée à disparaître. Chaque force politique, de droite ou de gauche, se présente comme le porte-drapeau de la nouveauté, qui avance et revendique en exclusivité, pour elle, la qualification de progressiste, accusant ses adversaires d'être conservateurs, culturellement incapables de comprendre la valeur des changements en cours. L'innovation est devenue le critère fondateur de l'art moderne, une phase de l'histoire de l'art dans laquelle l'adjectif ne définit pas simplement une échelle temporelle parce qu'il n'aurait aucune utilité herméneutique. Si tel était le cas, puisque moderne signifie « d'aujourd'hui », actuel, serait moderne tout l'art d'aujourd'hui, mais pas celui d'hier, et celui d'aujourd'hui ne le serait plus demain. La catégorie de la modernité appliquée à la recherche artistique a une connotation de valeur : étant donné que dans la conception progressiste de l'histoire, chaque innovation est une amélioration, ce qui se fait aujourd'hui, pour être supérieur à ce qui a été fait hier, doit nécessairement être novateur. Donc ne peut se parer du titre de moderne que l'art qui se propose consciemment d'être novateur, de faire quelque chose qui n'a jamais été fait auparavant. Puisque la connotation temporelle de la modernité s'évanouit dans cette acception, tous les artistes qui ont fait quelque chose d'innovateur dans n'importe quelle époque historique, sont considérés comme modernes, et ce n'est que s'ils ont été modernes qu'ils sont considérés comme artistes. Le mérite historique qui est reconnu aux avant-gardes dans les arts figuratifs, dans la littérature et dans la musique est l'anticipation d'innovations qui, seulement par la suite et grâce à elles, sont devenues parties intégrantes du patrimoine culturel. Puisque la nouveauté, par définition, ne dure pas, mais est destinée à être remplacée de plus en plus vite par du plus nouveau encore, qui le rend vieux, la succession des avant-gardes, en accélérant les processus de substitution du nouveau par le plus nouveau, a accéléré le pas du progrès.

Pour faire avancer le « nouveau », il faut que le vieux débarrasse le plancher. Si ce qu'on fait aujourd'hui est supérieur à ce qu'on a fait hier, il faut détruire systématiquement ce qu'on a fait pour faire place à ce qui se fait. Si ce qu'on fera demain est supérieur à ce qu'on fait aujourd'hui, il faudra détruire ce qu'on fait pour faire place à ce qui se fera. Le progrès, pour reprendre l'adjectif grec employé par Baudelaire à ce propos, est *héautontimoroumenos,* bourreau de soi-même. La traduction de ce principe philosophique en termes économiques fut effectuée presque un siècle plus tard, en 1942, par l'un des plus grands spécialistes du capitalisme, l'Autrichien naturalisé Américain Joseph A. Schumpeter, avec sa théorie de la destruction créatrice [1]. Selon cette théorie, pour continuer à faire croître le produit intérieur brut au-delà d'un certain niveau, il faut détruire en continu les produits technologiquement moins développés du passé et les remplacer par des produits technologiquement plus développés du présent. La destruction créatrice est le vecteur dont se sert le progrès pour avancer dans l'histoire. La seconde guerre mondiale, qui a éclaté la même année, est venue confirmer, au-delà de ses intentions et de ses attentes, la valeur herméneutique de cette thèse. En 1936, Walter Benjamin, dans la IXe thèse de philosophie de l'Histoire, avait écrit : « Il existe un tableau de Klee qui s'intitule *Angelus Novus*. Il représente un ange qui semble avoir dessein de s'éloigner de ce à quoi son regard semble rivé. Ses yeux sont écarquillés, sa bouche ouverte, ses ailes déployées. Tel est l'aspect que doit avoir nécessairement l'ange de l'histoire. Il a le visage tourné vers le passé. Où paraît devant nous une suite d'événements, il ne voit qu'une seule et unique catastrophe, qui ne cesse d'amonceler ruines sur ruines et les jette à ses pieds. Il voudrait bien s'attarder, réveiller les morts et rassembler les vaincus. Mais du paradis souffle une tempête qui s'est prise dans ses ailes, si forte que l'ange ne peut plus les refermer. Cette tempête le pousse incessamment vers l'avenir auquel il tourne le dos, cependant que jusqu'au ciel devant lui s'accumulent les ruines. Cette tempête est ce que nous appelons le progrès. »

Des contributions à la théorie de la destruction créatrice, non prévues, mais bienvenues, ont été offertes même par les catastrophes naturelles, auxquelles a été publiquement reconnu, aux plus grands niveaux d'autorité, le mérite de relancer la production et la croissance [2]. Toutefois, des processus de destruction plus étendus et systématiques ont été réalisés consciemment au nom de la modernité et du progrès, sur les paysages naturels et sur les paysages historiquement anthropisés, où pendant des siècles s'étaient stratifiés sans se neutraliser les signes laissés par le passage de plusieurs générations. Bien avant que Schumpeter formulât sa théorie, les nécessités de détruire l'ancien pour faire place au nouveau avait été préconisées au début du XXe siècle par les futuristes, le mouvement d'avant-garde qui, plus que les autres, a subi la fascination des progrès scientifiques et technologiques, jusqu'à les placer au cœur de sa poétique. Selon les futuristes, les legs du passé devaient être détruits non seulement parce qu'ils n'avaient plus aucune valeur, mais parce que leur persistance ralentissait la diffusion d'une mentalité ouverte au futur, aux innovations et aux changements. Les peintres futuristes, dans leur *Manifeste*, écrivaient : « Nous voulons combattre avec acharnement la religion fanatique, inconsciente et snob du passé, alimentée par l'existence néfaste des musées. Nous nous rebellons à l'admiration servile des vieilles toiles, des vieilles statues, des vieux objets et à l'enthousiasme pour tout ce qui est vermoulu, sale, rongé par le temps, et jugeons injuste, délictueux, l'habituel dédain pour tout ce qui est jeune, nouveau et palpitant de vie ». Dans le *Manifeste du Mouvement futuriste,* publié par le quotidien *Le Figaro* de Paris en 1909, Marinetti lançait cette incitation, en pensant symboliquement à Venise : « Détournez le cours des canaux pour inonder les musées ! [...] À vous les pioches et les marteaux ! Sapez les fondements des villes vénérables ! ». Les futuristes étaient très progressistes et très à droite. Leur adhésion au fascisme fut immédiate et convaincue. L'effacement de Venise, la plus maudite parmi les villes vénérables, est en route : y contribuent la croissance économique par les émissions de dioxyde de carbone, l'augmentation de la température terrestre, la fonte du permafrost et l'élévation du niveau des mers.

En 1924, l'un des plus importants architectes du XXe siècle, le Suisse naturalisé Français Le Corbusier, concevait un projet de modernisation de la ville de Paris qui prévoyait la destruction de tous les bâtiments persistants dans une « zone très ancienne et malsaine », un quadrilatère d'environ mille hectares compris entre la rive droite de la Seine, la Place de la République, la Gare de l'Est, la Gare Saint-Lazare et les Champs Elysées. À sa place il proposait de construire une série de gratte-ciels tous égaux, « purs prismes de cristal à plan cruciforme » de 175 mètres de côté et de 200 mètres de hauteur, insérés dans un réseau à mailles carrées de routes de dégagement larges de 50 à 80 mètres, reliées à deux axes d'autoroute d'une largeur de 120 mètres, dominés « par un ruban en béton avec piste automobile surélevée pour la circulation à sens unique », l'une orientée Est-Ouest, de Vincennes à Levallois-Perret, l'autre selon un axe Nord-Sud entre la Gare Saint-Lazare et la Gare de l'Est. Dans la présentation du projet, les immeubles dont il proposait la destruction étaient décrits en ces termes : « On dirait une représentation de la septième tour de l'Enfer dantesque : mais il s'agit, malheureusement, du désolant spectacle qu'offre un complexe de logements [...] : des nids de tuberculose, de dépravation, de misère, de honte. [...] Réalités d'un autre temps qui troublent les temps nouveaux »[3].

Les voix de ces précurseurs ne furent pas immédiatement écoutées, mais elles ne tombèrent pas non plus dans le vide. Dans les années 1930 du siècle passé, le régime fasciste reprit en grande pompe le massacre de la ville de Rome, entamé à la fin du XIXe siècle après la proclamation de la ville comme capitale de l'Italie. L'invitation de Marinetti à saisir la pioche fut bien accueillie par Mussolini, physiquement aussi, pour des raisons d'image. Anticipant la destruction créatrice non encore théorisée, on rasa des quartiers entiers du centre, chargés d'histoire et de persistances artistiques et architecturales bimillénaires, pour faire place à des énormes rues de dégagement sur lesquelles le progrès pouvait avancer à bord des automobiles. Le massacre de Paris fut effectué quant à lui graduellement, avec une accélération progressive après la deuxième guerre mondiale, lorsque le développement scientifique et technologique permit de substituer aux pioches des moyens de destruction créatrice plus efficaces. La démolition de nombreuses zones de la ville, pleines de charme et d'histoire, pour faire place à des gratte-ciels et à des centres commerciaux (pour pouvoir produire toujours plus, on doit vendre toujours plus), atteignit son apogée sous la haute protection de Georges Pompidou, le principal représentant de la droite politique française de 1962 à 1974 : secrétaire du parti gaulliste, premier ministre de 1962 à 1968 pendant deux mandats du général Charles de Gaulle à la présidence de la République, et lui-même président de la République de 1969 à 1974. En le commémorant à l'occasion du vingtième anniversaire de sa mort, en 1994 le quotidien *Le Figaro* en a tracé le profil suivant: « homme de la modernité, qui n'a jamais craint de souffler sur toutes les braises du changement industriel, économique et culturel, que les pompiers de la conservation sont toujours prêts à éteindre » [4]. Un autre progressiste de droite.

Au fond de la vallée, des routes à quatre voies, flanquées de poteaux d'éclairage qui entrecoupent les barrières de bâtiments carrés où l'on vend de tout en gros. Galeries et viaducs. À chaque croisement un rond-point éclairé comme en plein jour par le sommet d'un très haut poteau planté en son milieu. Plus de fermes sur les collines, mais des maisonnettes avec des façades en briques, des toits à quatre pentes recouvertes de tuiles de ciment, des balustrades et des châssis d'aluminium anodisés. Des bifurcations comme des pistes d'aéroport au croisement des routes qui remontent vers les faîtes grâce à des doubles voies et des courbes rectifiées. Plus de bois, mais seulement des rangs de vigne soutenus par des poteaux de ciment. Plus de pêches de vigne au sommet des rangs. Rien d'autre que des rangs de vigne. Et les oiseaux, où nichent-ils ? S'il n'y a plus d'oiseaux, qui mange les insectes ? Peu importe, il y a des bons poisons. Sur le flanc d'une colline, la géométrie monotone des rangs est entrecoupée par des installations d'art moderne. Un anneau de viaducs et de bretelles enserre un anneau d'immeubles qui enserre un petit noyau de vieilles ruelles à arcades dont sortent des tours et, au centre, la façade de la cathédrale. Un incessant aller et retour, flux ininterrompu de voitures et de camions, d'excavatrices et d'asphalteuses tous les jours au travail. Chaque jour des énormes mâchoires de décapeuses arrachent de la surface de la terre la couche d'humus avec toutes ses formes de vie, chaque jour on charge d'énormes camions de pierres extraites de la grève des fleuves et du flanc des montagnes, on les renverse dans de longues tranchées dont on a arraché toute trace de vie et on les recouvre d'asphalte. Où régnait le silence, s'installe un bruit de fond continu. Où l'on respirait à pleins poumons, l'air se remplit d'oxydes d'azote, de benzène et de particules fines. Où la variété des végétaux transformait incessamment le dioxyde de carbone en matière vivante, des colonnes continues d'engins à moteur déchargent dans l'atmosphère des tonnes de carbone excavées des viscères de la terre. Où la pluie alimentait les nappes phréatiques et mille formes de vie végétale et animale, se répand une croûte de matériel imperméable qui la soustrait à son cycle et l'achemine rapidement dans les fleuves. Une averse plus forte, et les voici qui débordent, emportant avec eux les maisonnettes aux façades en briques construites sur les grèves. Ce n'est jamais assez. « Nous croissons encore », est-il écrit sous le visage satisfait du député local (progressiste de droite) qui s'est laissé photographier sur fond de route asphaltée. Dans son programme de *développement du territoire,* il y a une autoroute et un tunnel sous les Alpes. Nous ne voudrions tout de même pas rester coupés du monde ! Eh, mais ne sont-ce pas les mêmes mots (les mêmes inflexions de voix), avec lesquels les progressistes de gauche, dans une vallée alpine voisine, veulent convaincre les habitants rétifs que la dévastation des derniers coins de sol non encore ravagés est nécessaire à la relance économique de la région ? Que leur égoïsme borné ralentit le progrès et la croissance de toute l'Italie ?

Si la croissance du produit intérieur brut et le progrès ont besoin de la destruction créatrice, c'est-à-dire de détruire systématiquement ce que les innovations rendent vieux et dépassé endéans des délais de plus en plus brefs, en parallèle à la croissance des marchandises il y a une croissance directement proportionnelle des déchets. Plus rapides sont les innovations de processus et de produits, plus rapidement les produits manufacturés et les objets vieillissent et sont remplacés, plus rapide est la croissance des déchets. Au-delà d'un certain niveau, elle peut même devenir supérieure à la croissance du produit intérieur brut. Entre 2000 et 2003, la production de déchets en Italie a augmenté de 3,8 %, la production de marchandises de 2,4 % [5]. En utilisant la terminologie de Schumpeter, la destruction a été plus destructrice que créatrice. Peut-être a-t-on seulement vidé les caves, mais dans un système où l'accroissement de la destruction parvient à dépasser l'accroissement de la production, *la production est une activité ayant pour but de transformer les ressources en déchets à travers un passage intermédiaire, toujours plus bref, à l'état de marchandises.* Les innovations de processus ont la fonction d'accélérer les temps de parcours de la première partie du trajet, de la ressource à la marchandise ; les innovations de produits ont la fonction d'accélérer le temps de parcours de la seconde partie du trajet, de la marchandise au déchet. Plus brève est la durée du trajet, plus importante est la croissance du produit intérieur brut et du progrès. Le sens ultime du développement scientifique et technologique est de produire des quantités toujours plus importantes de déchets en des temps record. En termes plus généraux : c'est l'application de la rationalité à un but irrationnel. La valorisation du changement et du « nouveau » a comme résultat final la dévastation du monde.

En parallèle à la croissance des déchets, la croissance de la production et de la productivité entraînent un accroissement proportionnel de la consommation des ressources et déchargent dans l'environnement des quantités croissantes d'émissions polluantes. Les processus productifs dans lesquels on utilise des matières premières renouvelables exigent toujours plus et poussent à forcer artificiellement les rythmes de leur reproduction (comme c'est le cas avec les ressources agricoles), tandis que les processus productifs dans lesquels on utilise des matières premières non renouvelables amènent à produire des substances alternatives de synthèse (comme le font les différentes branches de l'industrie chimique) ou à intervenir sur la structure de la matière (l'énergie nucléaire et les biotechnologies). De plus, la concurrence exige que les innovations technologiques de processus visent à réduire les coûts de production et à augmenter la productivité, éclipsant, ou ignorant purement et simplement l'évaluation de leur impact sur l'environnement. Ainsi, pendant des décennies, les processus de production industrielle et agricole ont déchargé dans l'air, dans les eaux et dans les sols des quantités croissantes de substances polluantes gazeuses, liquides et solides. Il faut leur ajouter les émissions polluantes directes et indirectes de beaucoup de biens de consommation (par exemple les voitures et tous les objets qui ont besoin d'énergie pour fonctionner). Tous ces problèmes sont progressivement aggravés par la croissance de la production de marchandises, par la croissance de la puissance technologique et par la croissance des capitaux à la recherche de placements.

Le culte de la croissance économique, de l'innovation et du progrès unit tous les partis de droite et de gauche, la Grande Dyade dans laquelle chacun d'eux trouve sa niche écologique. S'ils sont au gouvernement et que le produit intérieur brut croît en proportion de celui des autres pays industrialisés, ils sonnent le clairon et en attribuent le mérite aux choix de leur politique économique. Si, par contre, la croissance ralentit ou, pire, est *égale à zéro,* ou pis encore, est *négative,* les partis de l'opposition se déchaînent, accusant leurs adversaires d'être incapables de gouverner. Dans les journaux d'opposition pleuvent les études d'instituts de recherche sociale sur la croissance de la pauvreté, des achats à tempérament et des saisies. Si après quelques trimestres de *croissance négative,* le produit intérieur brut augmente de quelque zéro virgule pourcent, la nouvelle est répétée de façon obsessionnelle par tous les medias de masse. « Nous sortons du tunnel » ressort en gros caractères sur les journaux favorables au gouvernement, « les cassandres de l'opposition démenties » (tunnel et cassandre, immanquablement). Les oppositions rétorquent n'avoir été ni des cassandres ni démenties, parce qu'une croissance de quelques dixièmes de pourcent est insignifiante et ne récupère pas ce qu'on a perdu. Mais il s'agit d'une inversion de tendance, soutiennent les partis et les journaux favorables au gouvernement. Il faut beaucoup de fantaisie pour appeler inversion de tendance une variation à peine perceptible, rétorquent les partis et les journaux d'opposition. Une hirondelle ne fait pas le printemps. Le gouvernement qui nous a fait tomber dans le gouffre de la récession (gouffre de la récession, immanquablement) doit partir et nous laisser la place, à nous qui, avec une politique économique différente, saurons relancer la croissance et combler notre retard sur les autres pays.

Depuis toujours, et à tous les niveaux, les innombrables variantes de la droite et de la gauche qui sont apparues sur la scène politique durant le cours de l'histoire se mesurent à la stratégie la plus efficace pour faire croître la production de marchandises. De 1917 à 1989, la confrontation a été monopolisée par le défi opposant marché et planification, entre le capitalisme, avec les États-Unis comme chef de file, et le socialisme, avec l'Union Soviétique comme chef de file. L'économie de marché était en tête parce qu'elle était partie plus tôt. La planification économique s'est vite lancée à sa poursuite. Lénine avait une grande admiration pour les accroissements de productivité permis par le taylorisme et pensait pouvoir les réaliser avec l'aide des soviets. Pour Staline, la réalisation du socialisme consistait à joindre électrification et soviets, c'est-à-dire un processus d'industrialisation accéléré au préjudice des consommations, géré politiquement par le biais d'un réseau d'organismes de contrôle répandu dans chaque unité productive et territoriale. C'était la fonction des plans quinquennaux, auxquels était confié l'objectif d'accroissements productifs supérieurs à ceux des pays occidentaux. Toutefois, c'est seulement dans les années 1950 que l'économie soviétique parvint à enregistrer des taux de croissance supérieurs à ceux des Etats-Unis et étendit le défi aux progrès technologiques dans des domaines ayant un fort impact sur l'imaginaire collectif : la course aux armements et la conquête de l'espace. A partir des années 1960, l'économie de marché recommença à courir plus rapidement que l'économie soviétique et à augmenter l'écart entre le revenu des pays capitalistes et le revenu des pays socialistes. La confrontation se termina en 1989 par la chute du Mur de Berlin et l'abandon consécutif du socialisme dans tous les pays qui se référaient à l'Union Soviétique. La victoire du marché a été totale et sans appel. Si l'objectif de fond du système économique est la croissance de la production de marchandises, le marché a démontré être le moyen le plus efficace pour le poursuivre.

Une confrontation analogue s'est produite et se produit entre partis de droite et de gauche à l'intérieur des pays à économie de marché. Dans ce cas aussi, l'objectif de la croissance est commun aux deux formations, qui se divisent sur les moyens pour le réaliser et sur les modalités d'en distribuer les bénéfices parmi les classes sociales. Les adversaires des deux fronts partent de l'hypothèse que plus le gâteau est grand, plus il y en aura pour tout le monde. Pour les partis de droite, avec des nuances différentes, le marché est le moyen le plus efficace pour faire croître le gâteau et pour en partager, de la meilleure façon, les tranches parmi ceux qui ont contribué à le faire croître par leur travail. Ils n'excluent pas la possibilité d'insérer quelques correctifs politiques, pourvu qu'ils ne faussent pas les équilibres définis chaque fois par la dynamique de l'offre et de la demande. Par contre, aux yeux des partis de gauche, l'État doit intervenir dans l'économie pour redistribuer de façon plus équitable le revenu parmi les classes sociales. À cette fin, il doit employer le levier fiscal pour taxer de manière progressive les revenus plus hauts et dépenser les recettes en services sociaux et en soutien aux plus démunis. Autrement la croissance augmenterait les inégalités, en faisant payer l'augmentation des privilèges des plus forts par une aggravation des conditions de vie des plus faibles. Laquelle des deux positions fait croître davantage le produit intérieur brut ? Laquelle est la plus progressiste ? Si l'État intervient pour réaliser une distribution plus équitable du revenu parmi les classes sociales, il augmente la part du revenu destinée à la consommation. Par conséquent, la part destinée aux investissements se réduit. S'il n'intervient pas et laisse faire le marché, la part du revenu destinée à la consommation diminue et celle disponible pour les investissements en innovations technologiques augmente. Par conséquent, une économie qui ne se donne pas pour objectif une plus grande équité croît davantage et plus vite qu'une économie qui poursuit ce but. Une économie plus juste est moins productive et une économie plus productive est moins juste. Si l'on coupe le gâteau en tranches plus égales, il reste plus petit et les tranches sont plus petites. Si l'on fait les tranches moins égales le gâteau devient plus grand et ses tranches les plus petites peuvent être plus grandes que les tranches les plus grandes du gâteau le plus petit. Dans les pays industrialisés, on est relativement pauvre avec un revenu par habitant inférieur à 500 euros. Dans les pays de l'ex-bloc soviétique, les salaires atteignent à peine la moitié de cette valeur. La pauvreté absolue du prolétariat de Londres dans la seconde moitié du XIXe siècle, décrite avec une intensité dramatique dans beaucoup d'œuvres sociologiques, littéraires et artistiques, a permis d'investir en innovations technologiques qui ont augmenté la production de marchandises à un tel point qu'un siècle plus tard, pour trouver une demande capable de les absorber, il a été nécessaire d'agrandir la tranche des consommateurs en augmentant le revenu monétaire des couches sociales les plus pauvres. Les tranches les plus petites du grand gâteau qu'ils mangent maintenant seraient découpées d'un gâteau plus petit et seraient beaucoup plus petites s'il n'y avait pas eu la faim de leurs ancêtres. Mais la satiété et les gaspillages des descendants n'enlèvent rien aux souffrances qu'ils ont subies. Et n'allègent pas non plus les souffrances des quatre cinquièmes de l'humanité auxquels on soustrait ce qui est nécessaire pour vivre, pour faire un grand gâteau dont les classes subalternes des pays développés mangent les tranches les plus petites. Une économie qui vise la croissance de la production de marchandises est injuste par nature. Elle ne peut pas ne pas engendrer de souffrances toujours plus aiguës et plus répandues.

Si la dynamique du marché permet d'investir, en innovations de processus et de produits, une part de revenus d'autant plus importante que la part de revenus prélevée par la taxation – pour les dépenses publiques, les services sociaux et le soutien aux plus démunis – est faible, la politique économique de la droite favorise l'innovation, le changement et la modernisation davantage que celle de la gauche. Donc la droite est plus progressiste que la gauche, même si les partis de gauche se sont toujours définis comme progressistes, et ont même revendiqué en exclusivité cette qualification, accusant les partis de droite d'être conservateurs, parce que leur politique vise à la conservation des privilèges des classes les mieux nanties. Si le progrès est amélioration, la gauche, qui a pour mission l'extension des améliorations consenties par le progrès aux classes sociales les plus faibles, et en perspective à toute l'humanité, s'est toujours sentie politiquement et culturellement progressiste. Elle a toujours combattu en première ligne dans toutes les batailles pour les changements et les innovations dans tous les secteurs de la vie sociale : de la politique à l'économie, de l'école à la culture, de l'Art à la littérature et à la musique. Sans sa contribution, l'impulsion vers la nouveauté n'aurait pas eu la même force, l'identification du changement à l'amélioration et de l'ancienneté à la désuétude ne serait pas devenue une évidence qui ne nécessite aucune vérification. En agitant le drapeau du progrès, des changements et des innovations, la gauche a contribué à introduire dans le patrimoine génétique des classes subalternes le système de valeurs sur lesquelles est fondé le mécanisme de la croissance économique et le pouvoir des classes dominantes qui le dirigent. Le partage de ces valeurs témoigne de la domination culturelle exercée par la droite sur la gauche. Ce n'est pas par hasard qu'après la chute du Mur de Berlin, dans les pays à économie de marché, la politique économique de la gauche ait tendu à se rapprocher de celle de la droite, en laissant tomber morceau après morceau le système de protection sociale des classes les plus faibles qu'elle avait péniblement construit durant les décennies passées, aussi bien par la négociation syndicale que par le réseau des services sociaux. Depuis les contrats de travail *atypiques* qui, suite à leur diffusion, sont en train de devenir typiques, transformant en atypiques les contrats typiques, jusqu'à la réduction continue de l'État social, la compétition de la gauche et de la droite ne se livre plus sur un antagonisme politique en vue du même objectif de croissance, mais entre deux dosages différents des mêmes moyens pour le réaliser. La confrontation s'est réduite à l'évaluation de ce qui est suffisant, en termes de taxes et de services sociaux, pour avoir le consentement électoral nécessaire à gouverner. Les frontières sont de plus en plus floues et changeantes. Le *Labour party* anglais était modérément de gauche, mais la politique du *New Labour* (puissance de l'innovation-amélioration) ne se distingue plus de celle de la droite.

Celui qui dénonce les problèmes très graves causés par la croissance et pense qu'on doit entamer le plus vite possible la voie de la décroissance, se met hors de la dialectique entre droite et gauche, parce qu'il refuse l'idéologie du progrès qui unit les deux formations. Ce n'est pas pour cela que c'est un conservateur, même si le minimum auquel il puisse s'attendre est de se faire *accuser* de l'être par les progressistes des deux parties. Selon l'idéologie progressiste, les changements ne plaisent pas à ceux qui regrettent le passé. Si l'histoire est un progrès constant vers le mieux, celui qui pense que les changements sont des améliorations est du côté du bien, et celui qui ne le pense pas est du côté du mal. Par conséquent l'idéologie conservatrice est à condamner. Si la croissance de la production de marchandises est la mesure du bien-être, celui qui la critique préfère qu'on vive moins bien. Il est du coté du mal. Par conséquent il est à condamner. La croissance et le progrès exercent un véritable terrorisme psychologique vis-à-vis de ceux qui ne les acceptent pas passivement. Ou avec nous ou contre nous. Pourtant, ce choix imposé n'a pas de fondement logique. Il n'est pas nécessaire de regretter le passé pour critiquer le présent. On peut apprécier quelques aspects du présent et d'autres pas. On peut juger négativement quelques aspects du passé et d'autres pas. On peut penser que quelques changements sont des améliorations et d'autres des aggravations par rapport au passé. Il faut évaluer au cas par cas. Pour critiquer l'idéologie progressiste, qui fait du changement une valeur en soi, contrairement à ce que soutiennent les progressistes *il faut ne pas être conservateur et ouvrir les yeux,* en acceptant seulement les changements qui entraînent une amélioration dans les rapports des hommes avec l'environnement, avec eux-mêmes et entre eux. De même, pour critiquer l'idéologie conservatrice, qui refuse a priori les changements, contrairement à ce que soutiennent les conservateurs *il faut ne pas être progressiste et ouvrir les yeux,* distinguant au cas par cas ce qu'il est préférable de conserver et ce qu'il vaut mieux changer, en évaluant comment conserver ce qu'on considère qu'il faut conserver : soit intégralement, soit comme noyau à implémenter. Ceux qui dénoncent les très graves problèmes posés par la croissance et considèrent qu'on doit entamer le plus vite possible le chemin de la décroissance, refusent le déterminisme d'une direction obligée et revendiquent la liberté de choix. La liberté et la démocratie ne peuvent pas se limiter à l'alternative entre deux variantes internes au même paradigme : droite ou gauche. Ou être enfermées dans l'espace encore plus étroit entre les deux options les plus similaires des deux variantes : centre-droite et centre-gauche. La liberté et la démocratie, pour être telles, doivent inclure la possibilité de remettre en question le paradigme et d'en projeter un autre. Celui qui remet en question le paradigme progressiste est plus progressiste que les progressistes qui le considèrent comme un dogme intouchable. Mais il est aussi conservateur, parce que la critique de l'innovation comme valeur en soi implique une réévaluation du passé et la reconnaissance que tous les changements n'ont pas été des améliorations. Le progrès n'exclut pas la conservation, mais il se réalise avec une série d'ajouts à un patrimoine de savoir et de savoir-faire hérité des générations précédentes. Celui qui critique la valeur de la croissance économique et l'idéologie progressiste remet en question les catégories conceptuelles sur lesquelles se fonde la modernité.

Sur la base de quels critères peut-on choisir chaque fois de conserver certains héritages du passé ou d'accepter des changements ? Le paramètre en mesure d'orienter ces choix ne peut que faire référence à la vie. La vie est une projection dans le futur. Pour choisir ce qu'il faut changer, ce qu'il faut conserver et comment conserver ce qu'on considère devoir conserver, il faut évaluer les *potentialités de futur* inhérentes à chaque alternative. Certaines innovations ont moins de potentialités de futur que la conservation du *statu quo*. D'autres se développent de la redécouverte des potentialités de futur inhérentes aux réalités du passé qui avaient été abandonnées parce qu'on avait pensé qu'elles n'en avaient pas. D'autres encore ont plus de potentialités de futur que la conservation de la réalité précédente. La Renaissance italienne naît d'une redécouverte et d'une relecture attentive des classiques grecs et latins. Sans leur *conservation* dans les bibliothèques des monastères pendant plus d'un millénaire et sans le travail de récupération patient des humanistes, il n'y aurait pas eu au XVe et au XVIe siècle l'extraordinaire projection vers le futur qui constitue l'une des phases les plus créatrices et innovatrices de l'histoire humaine. L'architecture moderne a cassé tous les liens de continuité avec les manières de construire précédentes, considérant que l'innovation du béton armé avait introduit un élément de césure tant du point de vue de la technologie que du point de vue de la recherche esthétique. Suite à cela, tout le savoir et le savoir-faire de la construction des bâtiments précédents ont été considérés comme dépassés et ont été abandonnés, avec pour résultat que les nouveaux batiments construits avec des nouveaux moyens technologiques plus puissants ont un besoin d'entretien plus important et une durée de vie très inférieure aux bâtiments construits précédemment ; très vite ils donnent la sensation de répondre à des conceptions esthétiques dépassées, alors que les vieux gardent une actualité éternelle ; ils ont besoin d'une grande quantité de prothèses énergétiques pour accomplir leur fonction d'abri et, donc, ils polluent beaucoup plus que les vieux qui l'accomplissent avec leur structure. Ceux qui se sont proposé de dépasser ces limites ont retrouvé les indications nécessaires dans la construction traditionnelle. Leur redécouverte et leur mise en œuvre grâce à des acquis scientifiques et technologiques supplémentaires permettent de développer les potentialités de futur inhérentes à un savoir qui, au nom de la modernité et du progrès, en avait été jugé dépourvu. Alors que c'étaient bien les innovations par lesquelles on a prétendu les remplacer qui en étaient dépourvues. Sur la base de ce paramètre, un système économique qui prétend augmenter indéfiniment la production de marchandises, tandis que les ressources sont limitées et qu'est limitée la capacité de l'écosystème terrestre à absorber les scories de la production, n'a pas de potentialité de futur. Au niveau de développement atteint, il se heurte déjà aux limites de la planète. Seul un système économique visant à réduire au maximum la consommation de ressources et la production de déchets, qui réduit les gaspillages, augmente la durée de vie des objets et recycle les matières premières contenues dans les objets jetés, utilise les innovations technologiques pour atténuer au maximum l'impact sur l'environnement des processus de production et pas pour augmenter la productivité, qui développe au maximum l'autoproduction de biens, les filières courtes, les échanges non mercantiles, en un mot, seule une économie de la décroissance a une potentialité de futur en mesure de renverser la tendance autodestructrice inhérente à l'usage actuel de la rationalité pour un but irrationnel.

VIII.

CONSOMMATEURS OU RIEN

A la fin d'un débat contre la construction d'un incinérateur, un jeune, engagé politiquement à gauche, qui avait fait une intervention lucide et documentée, m'a donné deux feuilles où il avait écrit quelques réflexions critiques sur le *Manifeste du Mouvement pour la décroissance heureuse,* en me disant qu'il aurait aimé connaître mon opinion. Puisque les perplexités exprimées dans ce texte jaillissent de l'application correcte de quelques éléments de la théorie économique et se fondent sur l'analyse de modèles de comportement si généralisés qu'ils semblent inhérents à la nature humaine, alors qu'ils sont historiquement déterminés, la réponse qui m'a été sollicitée me donne l'opportunité d'approfondir quelques réflexions sur le consumérisme. La critique de fond adressée par ce document au Manifeste est que le remplacement du yaourt acheté par du yaourt autoproduit ou encore des marchandises par des biens n'entraîne pas nécessairement une réduction du produit intérieur brut. Il peut entraîner, comme on dit, un décrément, un accroissement ou aucune variation. Cela dépend de ce qu'on fait avec l'argent qui est épargné en autoproduisant un bien au lieu d'acheter une marchandise équivalente. À ce propos, trois possibilités sont indiquées : soit on achète une autre marchandise qu'on n'arrivait pas à acheter avant, soit on le dépose sous un matelas, soit on le verse à la banque. Dans le premier cas, le produit intérieur brut ne subit aucune variation, dans le second il diminue, dans le troisième il augmente, parce que les banques utilisent les dépôts pour financer des investissements productifs.

Remarque préalable : si l'on remplace une marchandise par un bien, le produit intérieur brut diminue non seulement parce que la demande de cette marchandise diminue mais aussi parce que la demande des emballages diminue, la demande de carburants et des moyens de transport diminue, les déchets ne sont pas produits. Si, par la suite, ce choix entraîne une épargne d'argent et qu'avec cet argent on fait un autre choix, par exemple si on achète une autre marchandise qu'avant on ne pouvait pas acquérir ou qu'on achète des actions en Bourse, ce deuxième choix fera croître le produit intérieur brut, mais cela n'empêche que le premier, l'autoproduction d'un bien en substitution d'une marchandise, l'ait fait diminuer et que cette diminution ait apporté une amélioration qualitative. Même si cela reste difficile à comprendre, parce que nous sommes habitués à penser le contraire, le produit intérieur brut peut décroître, nous pouvons le faire décroître avec nos choix, et la décroissance peut ne pas nous causer d'ennuis. Au contraire, elle peut améliorer notre vie et l'environnement dans lequel nous vivons. Nous sommes tellement habitués à penser que la croissance de la production de marchandises est un bienfait, parce qu'elle permet de faire croître la consommation – et si l'on consomme davantage, on est mieux –, qu'on ne peut même pas imaginer que si l'on a quelque sou en plus en poche, on pourrait faire autre chose que le dépenser tout de suite pour consommer plus ou l'investir pour avoir dans le futur la possibilité de consommer encore plus qu'aujourd'hui. C'est-à-dire qu'on ne peut imaginer faire autre chose que contribuer, avec nos choix, à la croissance du produit intérieur brut. La troisième possibilité, la seule qui puisse faire décroître le produit intérieur brut, est de placer l'argent épargné sous le matelas, mais elle est tellement stupide…

En réalité, si l'autoproduction d'un bien fait épargner de l'argent, elle ouvre une quatrième possibilité au-delà de celles qui ont été prises en considération, une possibilité que le système fondé sur la croissance de la production de marchandises a rayé de l'horizon culturel des hommes : celle de ne pas augmenter sa consommation, mais de travailler moins pour dédier plus de temps aux exigences spirituelles, aux relations humaines, familiales, sociales, sexuelles, culturelles, religieuses. À regarder les nuages : « Eh ! Qu'aimes-tu donc, extraordinaire étranger ? – J'aime les nuages... les nuages qui passent... là-bas... là-bas... les merveilleux nuages ! » [1]. À se dédier à l'étude désintéressée, pour le seul goût de savoir. À peindre, écouter de la musique et jouer, contempler, lire et écrire des poésies, prier. À faire des expériences de vie avec ses enfants au lieu de compenser, par l'achat de choses, le sentiment de culpabilité qu'on éprouve lorsqu'on les confie toute la journée à des inconnus parce qu'on passe toute la journée à travailler pour gagner l'argent nécessaire à acheter les choses qui apaisent le sentiment de culpabilité. Avec pour résultat qu'on en fait des consommateurs dans la profondeur de leur être, en instillant dans leur esprit dès l'enfance l'idée que l'amour se manifeste à travers le don d'objets achetés. Au lieu de t'offrir de mon temps et de mon attention, je te montre que je t'aime en dépensant mon argent pour toi.

« Papa t'aime vraiment – disait une mamy à son petit-fils dans l'autocar qui nous menait de Cupra Marittima à Rome il y a quelques années – il te donne toujours de l'argent ». Un système économique fondé sur la croissance a besoin d'êtres humains aplatis sous le consumérisme, qui avec l'acte d'acheter apaisent leurs exigences affectives et trouvent leur réalisation existentielle, autrement il ne susciterait pas la demande croissante nécessaire pour absorber l'offre croissante de marchandises. Le mécanisme de la croissance s'enrayerait. Si tu as quelque sou en plus, la seule chose que tu puisses penser est que ton pouvoir d'achat a augmenté. Que tu peux consommer plus. Par contre, celui qui décide d'autoproduire quelques biens échappe, grâce à son choix, à cette logique. Il ne le fait pas pour épargner et avoir plus d'argent à dépenser pour d'autres marchandises, mais pour se découper un espace autonome de la marchandisation absolue, pour remplacer petit à petit les marchandises par les biens. Pour se soustraire au mécanisme de la croissance qui oblige à consommer toujours plus pour produire toujours plus et à produire toujours plus pour consommer toujours plus. Celui qui désire acheter plus de marchandises que celles qu'il peut s'offrir avec son revenu ne choisit pas cette voie, mais il vend plus de son temps, il fait des heures supplémentaires ou un double travail pour obtenir le droit de rejoindre, avec des voitures de plus en plus grandes, des embouteillages croissants.

« *Buy something* ». Avec ce message publicitaire de Noël, une société automobile anglaise, durant le mois de décembre de 1991, invitait les consommateurs américains à acheter *quelque chose*. « Naturellement – précisait-elle – nous serions plus heureux si votre choix tombait sur une de nos voitures. Mais si vous n'avez aucune intention d'acheter une Range Rover, patience. Achetez un four à micro-ondes. Ou un basset. Ou des billets pour le théâtre. Mais achetez quelque chose. Parce que si pour recommencer à dépenser, nous attendons tous que la récession soit déclarée officiellement vaincue, alors elle ne finira jamais ». En Italie, où les choses qui se passent aux États-Unis se répètent quelques années plus tard, durant le mois de décembre 1993, les jeunes entrepreneurs de l'Union industrielle de Turin ont adressé cet appel de Noël aux consommateurs : « Pour Noël, faites un geste de solidarité, offrez-vous *quelque chose*. D'italien, peut-être. Il peut sembler étrange, disaient-ils en préambule, de jumeler la solidarité à l'invitation à recommencer à consommer lors des achats pour les cadeaux de Noël. Pourtant, ajoutaient-ils, nous vous demandons de vous faire ou de faire un cadeau en plus, mieux encore s'il est made in Italy ; de réaliser un investissement dans la consommation en faveur de vous-même ou des vôtres, avec la conscience de donner ainsi une contribution aussi aux autres. Les autres que nous ne connaissons pas, mais qui travaillent pour produire et pour vendre ce que nous avons décidé d'acquérir » [2].

Lorsque je mets les chemises avec lesquelles je travaille dans le jardin ou je fends du bois, lorsque je mets les pull-overs en laine avec lesquels en hiver je me place devant l'ordinateur, je pense que le mot *consommateur* me va à merveille. Cela me donne la satisfaction de constater que ces vêtements m'ont servi pendant des années dans les relations sociales avant d'être élimés, qu'après avoir été râpés par l'usage, ils me servent dans la maison pendant des années avant de devenir des chiffons qui me serviront à nettoyer la maison et les outils de travail avant qu'ils ne soient triés dans une fabrique textile de Prato pour en refaire des tissus. Plus long est le temps pendant lequel je les utilise, moindre est le poids de mon empreinte écologique, plus léger aura été le pas avec lequel j'aurai traversé le monde durant mon existence.

Mais lorsque je pense à l'usage du même mot pour désigner les personnes qui expriment la demande dans un système économique qui, pour continuer à croître, doit remplacer les marchandises par de nouvelles marchandises et les transformer en déchets dans des délais de plus en plus courts, alors qu'elles pourraient encore être utilisées pendant des années, alors je pense que ce même mot, *consommateur,* indique une mutation anthropologique dégradante du point de vue de l'intelligence et de la morale. Travailler pour produire de plus en plus de choses et pour avoir l'argent nécessaire à les acheter, les jeter de plus en plus vite pour pouvoir en produire et en acheter d'autres qui seront jetées encore plus vite. Sortir tous de la maison le matin à la même heure pour se mettre en file et aller les produire. Emballer les enfants encore endormis et les décharger pour toute la journée à l'école maternelle pour pouvoir aller travailler. Se déverser tous les samedis après-midi à la même heure dans les mêmes centres commerciaux pour acheter les choses produites en travaillant. Former tous ensemble le dimanche à la même heure des files de dizaines de kilomètres sur les autoroutes. Le produit intérieur brut a augmenté de 0,2 % le trimestre précédent. Nous sortons du tunnel. Non, sur base annuelle il est encore en-dessous de 0,5 %. Nous sommes dans le gouffre de la récession. Pour en sortir, nous devons produire et consommer encore plus.

IX.

L'ÉTAT SOCIAL (DU BIEN-ÊTRE...)

Selon une recherche menée par l'Université de la ville de Hong Kong en 2004, 95 % des Chinois pensent que l'assistance aux personnes âgées devrait être le rôle du gouvernement et 85 % que le coût économique devrait être pris en charge par toute la société plutôt que par chaque famille. Ces opinions sont plus répandues dans les provinces les plus riches et industrialisées. La nouvelle, publiée par le quotidien *China Daily,* a été reprise le 8 janvier 2005 par le supplément hebdomadaire du quotidien *La Stampa,* pas tellement pour l'intérêt qu'elle pouvait susciter en soi, mais parce qu'elle offrait au commentateur l'occasion de développer une réflexion à caractère culturel qui était anticipée et résumée de manière lapidaire dans ce faux-titre : « Durant le communisme paupériste de Mao, l'assistance aux personnes âgées était confiée aux enfants. Maintenant que l'économie court, les jeunes demandent de l'aide à l'État » [1]. Lorsque l'on est pauvre, il faut se débrouiller et faire des sacrifices que les riches ne doivent pas faire. Plus on devient riche, plus grande est la quantité de besoins qu'on peut satisfaire. Lorsque nous étions pauvres, le dimanche, mon père m'emmenait voir les riches qui mangeaient de la crème glacée, maintenant que je suis plus riche, j'achète cette crème glacée moi-même. Si je deviens encore plus riche, j'en achèterai deux par semaine. Dans le « communisme paupériste », les enfants devaient prendre en charge l'assistance à leurs parents lorsqu'ils devenaient vieux. Maintenant que l'économie chinoise a adopté des méthodes capitalistes et que le produit intérieur brut croît depuis quelques années à un taux de 9 %, maintenant que « l'économie court », les Chinois peuvent accéder à une frange supérieure de la consommation et enfin s'ôter ce fardeau des épaules en le déchargeant sur celles de l'État, comme le demande 95 % de la population, et ce en faisant payer les coûts à la collectivité, comme le demande 85 % de la même population. Cette deuxième option préoccupe beaucoup l'auteur de la recherche, parce qu'elle demande une forte augmentation des impôts, par rapport au modeste taux de 15 % qui grève actuellement les provinces les plus industrialisées et riches.

« Rien de nouveau sous le soleil » dirait l'*Ecclesiaste*. Dans toutes les sociétés traditionnelles, dans lesquelles l'économie ne vise pas la croissance du produit intérieur brut et qui, par conséquent, sont *pauvres* en termes de revenu monétaire, la plupart des services à la personne ont toujours été fournis à l'intérieur des familles grâce à des échanges non mercantiles, basés sur le don et sur la réciprocité. Les personnes âgées restaient à la maison jusqu'à la mort, mais cela ne veut pas dire qu'elles étaient assistées par les enfants. À ce propos, le concept d'assistance est totalement trompeur, parce qu'il indique un rapport unidirectionnel entre une personne qui assiste, qui donne, et une personne assistée, qui reçoit. Un rapport si déséquilibré peut exister seulement dans une logique mercantile : en échange d'argent. Ce sera alors l'aide à domicile, si l'argent est donné par l'assisté à l'assistant. La maison de retraite, si une partie de l'argent, récoltée grâce aux impôts, est donnée par l'État aux assistants. Dans les familles des sociétés traditionnelles, les personnes âgées ne recevaient pas seulement en don les services à la personne dont elles avaient besoin, mais elles effectuaient des tâches spécifiques de grande importance. Comme tous les autres membres de la famille, elles offraient en échange ce que, sur la base de l'âge et de l'expérience de vie, elles seules pouvaient offrir : l'autorité de leur avis dans les décisions difficiles, la transmission intergénérationnelle du savoir, la continuité de la mémoire historique, en plus de faire les travaux les moins lourds, mais toujours aussi indispensables pour l'économie familiale. En termes de revenu monétaire, dans les sociétés traditionnelles caractérisées par une prédominance de l'autoproduction de biens sur la production de marchandises, donner aux personnes âgées les services à la personne dont elles avaient besoin ne coûtait rien. Et la présence des personnes âgées en famille jusqu'à la mort avait une utilité irremplaçable. Par contre, le choix de confier l'assistance des personnes âgées à l'État entraîne un coût monétaire, en plus de la perte des contributions de savoir et de savoir-faire qu'elles peuvent offrir. Pour soutenir les coûts monétaires de l'assistance aux personnes âgées, l'État doit recourir à la taxation. Si « les jeunes demandent de l'aide à l'État », plus grande est la quantité de services qu'ils demandent, plus grande est la recette fiscale dont l'État a besoin. Les possibilités pour augmenter la recette fiscale sont au nombre de deux : l'augmentation des taux de l'impôt sur les revenus et la croissance du produit intérieur brut. Dans un cas comme dans l'autre, les jeunes doivent travailler plus pour payer les coûts nécessaires à transférer l'assistance des personnes âgées à l'État. L'économie ne court pas toute seule. Elle court parce que courent les personnes qui la font courir.

Le même type de services qui, dans le « communisme paupériste de Mao » comme dans toutes les sociétés pauvres en termes de revenu monétaire, était fourni gratuitement par les familles, se fondait sur les liens affectifs et sur la réciprocité ; dans les « économies qui courent », qui visent la croissance du produit intérieur brut, il est fourni par des inconnus contre paiement. S'agit-il d'une amélioration ? Cela améliore-t-il la qualité de vie des personnes âgées, de les déraciner de leur famille et de les placer dans une maison de retraite parmi d'autres personnes âgées, privées avant terme de la possibilité d'avoir un rôle social et parquées en attendant la mort ? Cela améliore-t-il la qualité de vie des jeunes, de travailler plus pour donner plus d'argent à l'État, de façon à lui permettre d'organiser l'assistance des personnes âgées, en perdant au passage la contribution de leur expérience ? La qualité et la vie des personnes s'améliorent-elles dans une société dans laquelle il est plus important de produire des choses que de construire des relations humaines ? Dans laquelle le temps dédié à produire des choses empêche de construire des relations humaines significatives, et dans laquelle les relations avec les choses se substituent affectivement aux relations avec les personnes ? Même avec ceux qui t'ont donné la vie, ou auxquels tu as donné la vie ? L'auteur de la recherche se déclare très préoccupé de ce changement des valeurs et des modèles de comportements collectifs qui témoignent, selon ses mots rapportés par le journal italien, d'une *érosion des liens intergénérationnels* et d'un *déclin de l'amour filial*.

Si les personnes âgées n'étaient pas placées dans les maisons de retraite et restaient en famille, les jeunes devraient leur dédier une partie de leur temps, en la soustrayant au temps qu'ils peuvent dédier à la production de marchandises. En fait, ils devraient s'occuper d'une activité qui n'entraîne pas de transactions d'argent et qui, en cela, ne fait pas croître le produit intérieur brut, en réduisant le temps qu'ils peuvent dédier à une activité qui le fait croître. La croissance recevrait un coup de cisaille des deux côtés. Mais ce n'est pas tout, parce que si les personnes âgées restent à la maison, elles peuvent, par exemple, dédier leur temps aux petits-enfants, lorsque leurs parents sont au travail, en fournissant gratuitement le même service d'assistance qui est fourni contre paiement dans les crèches. Les personnes âgées se sentiraient utiles et seraient plus heureuses, les petits-enfants auraient exclusivement pour eux l'attention d'adultes auxquels ils sont liés par des liens de sang et ils seraient plus heureux, mais la croissance recevrait un troisième coup de cisaille. L'économie courrait moins vite et le pays serait plus *pauvre* sur la base des critères d'un système économique fondé sur la croissance, il se porterait moins bien. Si, par contre, les jeunes peuvent dédier tout leur temps à produire des marchandises, le produit intérieur brut croît plus, « l'économie court », le pays est plus riche et les Chinois peuvent finalement se permettre de payer un service qu'ils effectuaient eux-mêmes lorsque l'économie ne courait pas et qu'ils étaient pauvres, sans rien payer, avec de meilleurs résultats pour ceux qui le fournissaient comme pour ceux qui le recevaient. Peut-on considérer ce changement comme un progrès ? Pourtant, dans les sociétés fondées sur la croissance économique, *ce doit être considéré comme un progrès.* Il faut faire en sorte que ce soit considéré comme un progrès, sinon il lui manquerait le consensus nécessaire pour qu'il se répande. Les jeunes garderaient les personnes âgées à la maison, leur dédieraient une partie de leur temps et ils en dédieraient moins à la production de marchandises. La croissance ralentirait. Pour faire croire que confier l'assistance des personnes âgées à l'État constitue un progrès, il suffit de faire croire que les personnes âgées sont un poids, ce qui n'est pas difficile, parce que dans une société fondée sur la valeur des innovations, ce qui s'apprend dans le cours de la vie ne sert plus à rien en l'espace d'une génération. C'est pourquoi cela n'a plus de sens de confier aux personnes âgées le rôle de la transmission intergénérationnelle du savoir. En outre, si la valeur fondamentale de l'économie est la croissance de la production de marchandises, il est normal que ceux qui ont dépassé l'âge de jouer leur rôle de producteurs de marchandises ne fassent pas perdre de temps à ceux qui, par contre, peuvent lui dédier le meilleur d'eux-mêmes et la plénitude de leurs énergies. L'important est de réaffirmer à chaque occasion l'idée que l'État-providence est un luxe pour les peuples riches, particulièrement lorsque le passage de la pauvreté à la richesse s'identifie avec la transition du « communisme paupériste » au capitalisme. « La Chine communiste semble découvrir le *Welfare state,* l'État-providence, juste au moment où elle devient capitaliste. Son socialisme paupériste ne prévoyait pas de services sociaux de manière satisfaisante ». L'enfermement des personnes âgées dans les maisons de retraite est un service social en plus, une augmentation du *Welfare ;* donc la demande de ce service de la part des enfants est un signe d'amour et de sollicitude vis-à-vis des parents. Il suffit de soutenir, comme le fait le journaliste italien en commentant la préoccupation du sociologue chinois sur l'*érosion des liens intergénérationnels* et sur le *déclin de l'amour filial,* que « Par amour filial on entend, en termes sociologiquement plus neutres, la préférence des enfants pour un système public qui prend soin des parents âgés par rapport à la voie traditionnelle suivant laquelle cela a toujours été aux enfants de pourvoir à cette nécessité ». Le journaliste italien n'a-t-il pas compris ? Ou bien l'idéologie de la croissance a-t-elle instillé dans la psyché humaine un réflexe conditionné par lequel tous les changements qu'elle induit dans la vie individuelle et collective sont associés automatiquement à la couleur rose, même quand ceux qui les analysent les peignent en noir ?

Mon grand-père et ma grand-mère sont morts à la maison. Lui en 1958, elle en 1964. Ils habitaient dans un appartement d'un immeuble populaire à Rome, ensemble avec une sœur de mon père restée célibataire, mes parents et leurs quatre enfants. Nous formions une *famille élargie* dans un espace vital étroit. Une situation assez commune dans la longue phase de transition de la société paysanne à la société industrielle. De toute façon la plus défavorable. Grand-père et grand-mère ont continué à être inclus dans la vie de la famille avec un rôle précis, de plus en plus réduit au cours des dernières années. Ils se sont assis à table avec nous jusqu'aux derniers jours. Du lit de leur chambre, ils ont continué à entendre les rythmes habituels de la vie quotidienne, le va-et-vient du matin lorsque les quatre petits-enfants se préparaient pour aller à école et que l'un après l'autre ils frappaient à la porte de la salle de bain occupée, l'odeur de la cuisine à l'heure du dîner, les conversations et les disputes, la voix du lecteur des actualités à la radio, la sonnerie du téléphone lorsque mon père décida de l'installer pour appeler du bureau pendant la pause de midi, comme tous ses collègues, et demander ce que nous avions mangé. Lorsque la porte de la chambre des grands-parents commença à rester fermée trop longtemps derrière le dos de ceux qui entraient, ce fut à la chaleur de la main des membres de la famille de les soutenir dans l'épuisement des derniers jours. Ma mère et mon père sont morts à l'hôpital, elle en 1983, lui en 1999. Ils avaient été réduits à une *famille mononucléaire* de deux personnes et vivaient dans une grande maison, fruit du travail d'une vie. Ils possédaient plus que leurs parents. Le boom des années 1960 les avaient remplis de choses que les grands-parents ne pouvaient pas imaginer. Nous, les quatre enfants, avions quatre familles mononucléaires et passions à tour de rôle le plus de temps possible à l'hôpital à leur chevet, mais la journée de ma mère n'était pas ponctuée par les bruits familiaux ; de la fenêtre de la chambre dans laquelle elle était hospitalisée elle ne voyait pas le grand pin maritime sur lequel donnait sa chambre ; la nuit, une infirmière l'assistait et lorsqu'elle est morte, aucun de nous n'était à ses côtés. Mon père a vécu le dernier mois au service des soins intensifs. Il était accroché avec un enchevêtrement de drains et de fils à des machines et à des moniteurs. Nous pouvions le voir seulement à travers une paroi vitrée et lui parler avec un microphone. Je me leurre sans doute en pensant qu'une fois, il a eu un frémissement imperceptible en écoutant ma voix qui cherchait à le réconforter. On nous a téléphoné une nuit à quatre heures pour nous dire qu'il était mort et de venir vite si nous voulions le voir, parce qu'ils étaient en train de le porter dans une chambre frigorifique dont ils allaient l'enlever une heure seulement avant l'enterrement. Nous l'avons trouvé dans un débarras près de l'ascenseur qui allait l'engloutir dans les souterrains. Voilà une manifestation d'efficacité, d'organisation et de technologie que les sociétés pauvres ne peuvent pas se permettre. Mais laquelle a été la plus sereine : la mort de mes grands-parents en famille ou celle de mes parents gérée par l'État social ?

Les familles élargies constituent un frein à la croissance de la production et de la consommation de marchandises parce qu'elles sont en mesure de réaliser en leur sein des formes significatives d'autoproduction et d'échanges non mercantiles de biens et de services. Un système fondé sur la croissance du produit intérieur brut a besoin de familles mononucléaires, enfermées dans leur niche parmi les fourmilières des copropriétés, qui ne peuvent autoproduire aucun type de bien mais seulement un peu de services qui ne sont pas réalisables autrement (la préparation des repas, les courses, le nettoyage de la maison, la lessive) et qui doivent acheter tout ce dont ils ont besoin. Le summum, ce sont les familles mononucléaires urbaines dans lesquelles les deux parents effectuent un travail salarié, non seulement à cause de la double contribution qu'ils fournissent à l'offre et à la demande de marchandises, mais aussi parce que le temps dédié au rôle de producteur-consommateur empêche ces deux adultes d'en dédier à leurs enfants, et les obligent à acheter des services substitutifs. Leur totale soumission à l'économie mercantile demande et réalise des accroissements supplémentaires de la sphère mercantile. Les caresses de papa et de maman ne font pas augmenter le produit intérieur brut, les bâillements de la baby-sitter et le pointage de la fiche de présence par les puéricultrices à la crèche, oui. De même que les deux prélèvements fiscaux sur leurs revenus, qui permettent à l'État social de financer les structures dédiées à les remplacer dans leur rôle de parents pendant leur absence de la maison : crèches, écoles maternelles, écoles obligatoires à temps plein ou à temps rallongé – pré-écoles et post-écoles, colonies de vacances. Mais la vie des parents s'améliore-t-elle si au lieu d'accompagner leurs enfants à la découverte du monde, ils passent avec eux seulement la dernière partie de journées fatigantes, entre les dîners à préparer et les paupières qui se font lourdes ? Cela améliore-t-il la vie des enfants si les parents, au lieu d'être sereinement avec eux, après une journée dépensée à produire des marchandises, sont trop fatigués et nerveux pour les traiter avec l'attention qu'ils demandent et méritent ? Est-ce un progrès de confier à l'État social la tâche de gérer les trois premières années de la vie des enfants, les années de l'*imprinting* qui les marqueront de manière indélébile, en les obligeant à partager, en concurrence avec d'autres, le temps et la disponibilité à laquelle ils ont droit en exclusivité ? Est-ce un progrès de les confier de trois à six ans toute la journée à l'école maternelle, de les laisser toute la journée à l'école obligatoire jusqu'à l'adolescence ? Puisque cela permet aux parents de se dédier toute la journée, sans préoccupations, à la production de marchandises, dans une société fondée sur la croissance de la production de marchandises, la réponse est oui. Dans ce type de société, on *doit* croire qu'il s'agit d'un progrès.

D'une recherche effectuée en 2005 sur 70 enfants anglais (34 garçons et 36 filles) intégrés dans les crèches à un âge compris entre 11 et 20 mois, il ressort que la teneur en hydrocortisone est doublée dans les premières semaines et est restée plus haute que la norme durant les 5 mois suivants. L'hydrocortisone est une hormone du stress produite par les glandes surrénales et contrôlée par l'hypophyse. Son niveau varie selon les nécessités. L'hydrocortisone fait fonctionner le métabolisme, régule la pression et le niveau des sucres dans le sang. Des valeurs trop basses provoquent fatigue et malaise. Des valeurs trop hautes indiquent excitation, stress, tension. La majorité des enfants anglais passent au moins une partie de l'enfance dans les crèches à temps plein. En 2004, ils étaient 518 000, avec une disponibilité de places égale à un quart de la population dans la tranche d'âge entre 6 mois et 3 ans. Avant l'arrivée des travaillistes au pouvoir avec Tony Blair, en 1997, les crèches offraient seulement une place pour neuf enfants. En reportant ces informations, le correspondant de Londres du quotidien *La Repubblica* commente : « Les résultats de la recherche, dont Michael Lamb de la Cambridge University et Lieselotte Ahnert de la Freie Universität de Berlin sont les co-auteurs, *n'indiquent pas que la crèche « fait mal aux enfants », ni que les mères devraient renoncer au travail pour se dédier exclusivement aux enfants* ; il n'existe d'ailleurs pas de preuves sur les effets à long terme d'un niveau plus élevé d'hydrocortisone. Mais les conclusions de l'étude peuvent aider les parents et les éducateurs à minimiser le stress vécu par les enfants pendant la période de transition de la maison à la crèche. À cet égard, la recherche contient quelques suggestions : les institutrices devraient faire reposer les enfants à intervalles réguliers (le niveau d'hydrocortisone diminue pendant le repos, même lorsque les enfants ne dorment pas [mais s'ils continuent à bouger dans leur lit ?] ; les parents, *lorsque c'est possible* [c'est-à-dire si le travail, qui est plus important que l'équilibre psychique et physique des enfants, le permet, autrement patience, nous ne voulons pas réduire de moitié le revenu] devraient rester à la crèche avec les enfants durant les premiers jours ou même durant les premières deux semaines [n'exagérons pas] pour faciliter la transition et devraient chercher [dans les limites du possible, bien entendu] à leur dédier plus de temps et plus d'attention le soir, pour les aider à reconstruire « l'équilibre émotif ». Pour les couples qui travaillent et qui, le soir, doivent préparer à manger, nettoyer, mettre au lit les enfants, trouver le temps de le faire peut être difficile, admettent les chercheurs ». Le président de la Société italienne de pédiatrie, Giuseppe Saggese, dans une interview connexe, observe : « Cela serait cent fois mieux s'ils pouvaient rester avec la mère au moins jusqu'à deux ans. Mais ceci, nous savons que ce n'*est pas possible* [la croissance ne le permet pas] ». Et à l'interviewer qui demande si le stress du détachement des parents peut avoir des conséquences sur le développement psychologique, il répond : « Difficile à dire. Nous constatons que la dépression est en augmentation parmi les adolescents, ainsi que les troubles de l'alimentation. Nous ne savons pas encore s'il existe un lien entre les deux choses, mais le soupçon est permis » [2].

La valorisation des structures que l'État social met à disposition des familles mononucléaires a toujours été l'un des chevaux de bataille de la gauche, qui les considère comme un moyen fondamental pour l'émancipation des travailleurs et, surtout, des travailleuses. Sans crèches, écoles maternelles et écoles obligatoires à temps plein, l'un des deux parents, c'est-à-dire la maman, devrait rester à la maison pour s'occuper des enfants et elle ne pourrait pas effectuer un travail rémunéré. Puisque dans un système économique fondé sur la production de marchandises, l'autonomie des personnes dépend du revenu monétaire et le bien-être, de son importance, les femmes resteraient en condition d'infériorité par rapport aux hommes et les familles auraient un seul revenu. C'est pourquoi le niveau de leur bien-être serait inférieur à celui qu'elles pourraient atteindre. Si, par contre, l'État prévoit un réseau de structures auxquelles les parents peuvent déléguer le soin de leurs enfants pour toute la journée, les femmes peuvent intégrer la production de marchandises dans les mêmes conditions que les hommes et les familles peuvent augmenter leur consommation. D'ailleurs, une société ne serait pas civilisée si elle n'éliminait pas chaque forme de discrimination et ne garantissait pas à tous les mêmes opportunités d'accéder non seulement à la sphère du travail, mais aussi aux professions exigeant les plus hautes connaissances et aux niveaux de direction les plus élevés. Toutefois, le passage de l'autoproduction de biens à la maison à la production de marchandises dans un atelier ou un bureau n'offre généralement ni gratifications professionnelles ni accroissements significatifs du pouvoir d'achat, parce qu'il force à acheter des quantités plus importantes de marchandises en substitution des biens qu'on ne peut plus autoproduire par manque de temps. Le résultat est un accroissement des coûts pour avoir des produits de qualité inférieure. Nourriture précuite au lieu de celle cuisinée à la maison. Légumes surgelés au lieu des légumes frais. En créant les conditions pour étendre aux femmes la possibilité de mettre en œuvre, avec leur contribution, le mécanisme destructif de la croissance, la réduction obtenue des discriminations dues au genre n'offre pas d'avantages significatifs en termes d'émancipation individuelle et ne présente pas de grandes potentialités de futur. Tant les avantages en termes d'émancipation individuelle que les potentialités de futur seraient beaucoup plus importants avec une politique d'égalité des chances encadrée dans un processus de décroissance de la production de marchandises. Par exemple, si on l'intégrait dans la redécouverte des potentialités, abandonnées de manière trop expéditive, des familles élargies et dans une redistribution du travail entre hommes et femmes grâce au temps partiel, de façon à garantir à tous les mêmes droits sans doubler le nombre des producteurs de marchandises. Autrement, les crèches, les écoles maternelles et l'école obligatoire à temps plein ne sont pas des structures au service des femmes pour en favoriser l'émancipation à travers le travail, comme se leurre la gauche, mais des structures au service de la croissance, pour l'intensifier avec la contribution du travail des femmes. Puisque la croissance de la production de marchandises entraîne la croissance des besoins de matières premières, des différentes pollutions, de l'effet de serre, des déchets, des inégalités entre le cinquième de la population mondiale qui s'approprie 80 % des ressources et les quatre cinquièmes qui doivent se partager les 20 % restants, le transfert à l'État des services à la personne qui, dans les familles élargies, étaient échangés dans le domaine du don et de la réciprocité, constitue un piège qui accélère la destruction du monde plus qu'une conquête sociale. « Mes chers frères – écrivait Baudelaire – n'oubliez jamais, quand vous entendrez vanter le progrès des Lumières, que la plus belle des ruses du Diable est de vous persuader qu'il n'existe pas ! » [3].

La famille mononucléaire est beaucoup plus limitative et contraignante que la famille élargie. On ne peut la préférer que si l'on est convaincu du contraire. L'omniprésence des moyens de communication de masse a si bien réussi dans cette œuvre de persuasion qu'il n'existe plus de familles élargies (même si les coûts des appartements dans les zones urbaines les font renaître par nécessité). Il a suffi d'enfoncer le clou sur les difficultés de la cohabitation entre les générations, d'insister sur la différence entre les personnes âgées attachées au passé et les jeunes ouverts au futur. Il a suffi d'insister sur le rôle du *pater familias* et sur le lourd contrôle exercé par les familles élargies sur leurs membres, de faire un clin d'œil sur la liberté gagnée avec l'anonymat dans les villes et dans les immeubles où l'on ne se connaît pas malgré la proximité, de souligner les obturations mentales des sociétés traditionnelles et les ouvertures mentales des sociétés modernes. Les problèmes réels, dans quelques cas insupportables, qu'il fallait résoudre, ont été résolus à la racine en éliminant le contexte qui les engendrait. Ta jambe te fait mal ? Il suffit de la couper. Les conditionnements opérés par ta famille élargie te pèsent ? Il suffit de la supprimer. Tu résous un problème et tu en crées un autre plus grave. En réalité, on aurait pu trouver d'autres solutions, en mesure d'offrir plus de libertés individuelles sans tomber dans d'autres types d'obligations. Pour se libérer du *pater familias,* il n'était pas nécessaire de se soumettre à un maître sans liens de parenté, qui peut s'incarner en un supérieur despotique (si pour te rebeller tu donnes ta démission, comment fais-tu ensuite pour vivre ?), même si le vrai maître de tous ceux qui n'autoproduisent rien et doivent tout acheter, c'est le marché. Si tu dois tout acheter, tu ne peux pas éviter de travailler dans les conditions qui te sont imposées, tu ne peux pas ne pas subir l'imposition des augmentations des prix et si ton supérieur, même s'il n'est pas despotique, doit te licencier pour soutenir la concurrence, tu dois subir une arrogance absolue qui te prive, toi et les tiens, du nécessaire pour vivre. Il n'y a pas de *pater familias,* ni de contrôles familiaux, dans les niches de la fourmilière dans laquelle tu vis avec ta famille mononucléaire, mais tu n'es pas maître de ta vie. Ta vie dépend des choix faits par d'autres. Toutefois, pour échapper au Charybde des liens parentaux dans les familles élargies, il n'est pas nécessaire de tomber dans le Scylla de la dépendance absolue au marché. Il suffirait de trouver des solutions créatives, qui permettent de garder les avantages des échanges fondés sur le don et la réciprocité, en se libérant des limites de relations trop étouffantes et hiérarchisées. Par exemple, en transformant la cohabitation en habitation de proximité, en adjoignant le travail salarié, de préférence à temps partiel, à l'autoproduction, sans l'abolir, en donnant de l'espace à l'autonomie financière des individus sans dénouer les liens communautaires. La croissance économique serait moindre, mais la qualité de la vie très supérieure.

L'évaluation d'un changement ne peut être faite qu'au regard de la situation précédente et ce n'est que par rapport à elle qu'on peut considérer qu'il y a une amélioration ou une aggravation. Si l'on pense qu'il s'agit d'une aggravation, automatiquement on considère qu'on porte un jugement positif sur la situation antérieure. Pour la culture progressiste, les innovations et les changements sont positifs par définition (on serait fou de vouloir changer pour aller vers le pire...). C'est pourquoi le fait de porter un jugement négatif sur un changement ne peut être dicté que par des préjugés : soit par une vision romantique absolument pas réaliste de ce qui existait et qui n'existe plus (la nostalgie du passé perdu qui fait oublier les aspects négatifs), soit par la peur des changements (l'insécurité qui découle de la perte des certitudes), soit par une attitude réactionnaire (avant j'avais des privilèges que maintenant j'ai perdus). Ceux qui jugent négativement un changement peuvent être certains d'être catalogués dans l'une de ces trois catégories. On n'envisage même pas l'hypothèse qu'un changement puisse être considéré comme une aggravation, même si l'on pense que la situation précédente était à changer. Je juge négativement ce changement et j'en donne la raison, mais la situation précédente ne me convient pas non plus. Il aurait été préférable de changer différemment. Ou bien : ce changement ne me plaît pas parce qu'il représente une rupture qui fait perdre aussi les potentialités de futur inhérentes à la situation précédente. Si on les avait explorées de manière moins superficielle et avec plus de respect pour le passé, on aurait pu mieux changer. Le « nouveau », pour s'affirmer, n'a pas besoin de se substituer à l'ancien, mais d'en augmenter le potentiel, en enlevant ce qui ne sert plus et en conservant ce qui sert encore. Bref : on peut ne pas aimer comment c'était, et aimer moins encore comment c'est devenu. Celui qui pense ainsi risque de ne pas être compris, ni par les partisans ni par les adversaires des changements en cours, mais il réussit à entrevoir d'autres routes, *un autre monde possible*, que ni les uns ni les autres ne parviennent à imaginer. On ne peut pas dire grand'chose des routes inexplorées. On peut seulement essayer de les parcourir, en se trompant et en s'ajustant continuellement.

X.

CLAIRES, TROUBLES ET TRISTES EAUX EN BOUTEILLES DE PLASTIQUE

À la fin du XIXe siècle, lorsque ma grand-mère était enfant, sa famille vivait dans une maison dans laquelle il n'y avait pas d'eau courante, ce qui était le cas de presque toutes les maisons. Ainsi, chaque jour, elle devait aller la chercher à la fontaine sur la petite place voisine. Je l'imagine descendre l'escalier avec sa mère ou sa sœur, chargées de brocs et de seaux, faire un petit bout de chemin, faire la queue en bavardant avec les autres femmes et les autres enfants en attendant leur tour, retourner à la maison en transportant à bout de bras les récipients pleins. Une vie fatigante et dure.

Aujourd'hui, après plus de cent ans de progrès, dans les supermarchés, les personnes remplissent les chariots de bouteilles en plastique pleines d'eau, les déchargent dans les coffres des voitures qui les transportent jusqu'à leurs maisons, les enlèvent des coffres et les transportent à bout de bras jusque dans la maison. Exactement comme faisait ma grand-mère. Mais avec six différences par rapport à elle.

1. Ma grand-mère était obligée de se donner de la peine pour transporter l'eau à bout de bras à la maison. Elle n'avait pas le choix. Aujourd'hui, les personnes qui se donnent

cette peine n'y sont pas forcées. Elles le font par choix. Et le passage de la contrainte à la liberté de choix est un progrès, baby !

2. Ma grand-mère, pour transporter l'eau à la maison, devait seulement descendre l'escalier et faire un petit bout de chemin à pied. Aujourd'hui, les gens, pour couvrir le trajet maison-supermarché-maison, utilisent la voiture. Ils prennent plus de temps, ont des coûts de transport et consomment des ressources fossiles, qui émettent du CO_2, des oxydes d'azote (NO_x) et des particules fines (pm 10), ce qui augmente l'effet de serre et pollue l'air. Mais aller en voiture plutôt qu'à pied est un progrès, baby !

3. L'eau que ma grand-mère transportait à la maison était puisée de la nappe phréatique la plus proche ; l'eau en bouteille qu'on transporte aujourd'hui des supermarchés à la maison parcourt des centaines, voire de milliers de kilomètres de distance. Elle comporte des coûts de transport et consomme des ressources fossiles qui émettent du CO_2, des oxydes d'azote (NO_x) et des particules fines (pm 10), ce qui augmente l'effet de serre et pollue l'air. Mais l'élargissement des marchés est un progrès, baby !

4. Les récipients en métal avec lesquels ma grand-mère transportait l'eau étaient toujours les mêmes ; ceux qu'on utilise aujourd'hui sont en polyéthylène téréphtalate (PET) jetable. Pour les produire, on a consommé du pétrole dans une industrie pétrochimique (2 kg de pétrole par kg de plastique) ; on a consommé du carburant pour les transporter de l'industrie pétrochimique à l'établissement où l'eau a été mise en bouteille ; du carburant supplémentaire sera consommé pour les transporter des habitations au container de tri sélectif et, de là, au consortium obligatoire Replastic

(ndt : consortium italien créé pour la récolte des récipients en plastique ayant contenu du liquide) ? À la décharge ? À l'incinérateur ? Chaque transport des bouteilles en plastique entraîne un coût et une consommation de ressources fossiles qui émettent du CO_2, des oxydes d'azote (NO_x) et des particules fines (pm 10), ce qui augmente l'effet de serre et pollue l'air. Mais l'économie de marché et l'industrie sont un progrès, baby !

5. La production d'un kilogramme de PET exige 17,5 kilogrammes d'eau et expulse dans l'atmosphère 40 grammes d'hydrocarbures, 25 grammes d'oxydes de soufre, 18 grammes de monoxyde de carbone et 2,3 kilogrammes de dioxyde de carbone (Paul McRandle, *The green guide,* dans *State of the world 2004*). Puisqu'une bouteille en PET de 1,5 litres pèse 35 grammes, avec un kilogramme de PET on en fait 30. Par conséquent, pour transporter 45 litres d'eau on en consomme presque la moitié. À l'époque de ma grand-mère, quelques gouttes pouvaient tomber sur la route si elle remplissait trop ses récipients. Quant à l'émission de gaz, il est vrai qu'elle pouvait lâcher quelques petits pets sous l'effort...

6. L'eau que ma grand-mère transportait à la maison ne coûtait rien, l'eau en bouteilles en plastique coûte de 2 à 4,5 euros l'emballage de 6 bouteilles de 1,5 litres (prix de novembre 2004). En réalité le coût effectif de l'eau contenu dans les bouteilles est seulement de 1 % du coût de production total, alors que l'emballage en absorbe 60 %. Mais on ne peut dépenser plus que si on est plus riche, et la croissance de la richesse est un progrès, baby !

Pour la même peine et la même utilité, il faut davantage de temps qu'à l'époque de ma grand-mère, on pollue beaucoup tandis qu'avant on ne polluait pas du tout, et on paie alors qu'elle ne payait pas. La contribution à la croissance du produit intérieur brut permise par la production et par le commerce de l'eau en bouteille a entraîné une aggravation de la qualité de vie individuelle et de la qualité environnementale. C'est cela le progrès, baby ?

Une personne qui consomme de l'eau en bouteilles en plastique à raison d'un litre par jour, combien paie-t-elle et combien pollue-t-elle durant une année ?

Trois-cent-soixante-cinq litres correspondent à un peu plus de 40 emballages de 6 bouteilles de 1,5 litres (240 bouteilles). Aux prix actuels le coût varie de 80 à 180 euros par an.

Pour transporter 15 tonnes, qui correspondent à 10 000 bouteilles d'eau de 1,5 litre, un camion consomme un litre de gasoil tous les 4 km (25 litres aux 100 km). En supposant un parcours moyen de 1000 km aller et retour, la consommation de carburant monte à 250 litres, ou bien à 250 000 cm^3 qui, divisés par 10 000 bouteilles, correspondent à 25 cm^3 de gasoil par bouteille. En multipliant 25 cm^3 par 240 bouteilles on peut déduire que la consommation journalière par personne d'un litre d'eau en bouteille engendre une consommation de six litres de carburant par an. À ces six litres de carburant on doit ajouter :

— la consommation de pétrole pour produire les bouteilles en plastique (8 kg pour 240 bouteilles) ;

— la consommation de carburant des camions qui transportent les bouteilles en plastique vides de l'usine qui les produit à l'entreprise qui met l'eau en bouteille, et des camions du service de la voirie qui les transportent des poubelles aux établissements d'élimination ;

— la consommation d'essence des acheteurs pour les

trajets maison-supermarché-maison et maison-poubelles-maison.

Supposons donc que la consommation annuelle totale de combustibles fossiles par habitant d'une personne qui achète l'eau en bouteilles en plastique soit au moins de 8 litres de gasoil/essence en plus des 8 kg de pétrole.

Une famille de quatre personnes dépense donc chaque année entre 320 et 720 euros et brûle au moins 32 litres de combustibles fossiles pour boire de l'eau en bouteilles en plastique au lieu de l'eau potable qui coule du robinet de la maison. Évidemment, elle pense obtenir des avantages supérieurs aux coûts qu'elle supporte et aux dommages écologiques qu'elle engendre. Du point de vue chimique et bactériologique, il n'y a pas d'avantages. Du point de vue organoleptique, il peut y en avoir si l'eau de distribution est trop chlorée. Mais pour lui enlever la saveur de chlore, il suffit de la verser dans une carafe un peu à l'avance, ou d'utiliser des filtres appropriés qui, à un coût nettement moindre et sans fatigue ni perte de temps, permettent de l'éliminer.

En réalité, le coût de l'eau minérale en bouteille comprend aussi le coût des carabistouilles qu'on boit avec elle. Une de ces eaux, selon la publicité, fait tout digérer. Il n'y a plus d'indigestion ou de goinfrerie qui tienne. Plus tu en bois et plus tu digères. Une autre fait beaucoup uriner (comme toutes les eaux ; plus tu en bois et plus tu fais pipi, aussi avec l'eau de robinet). Telle autre a un effet collatéral surprenant : réveiller le désir sexuel. Celle-ci est produite avec de l'énergie verte. Même en admettant qu'il existe une énergie sans impact environnemental, le plastique de la bouteille est-il aussi produit avec de l'énergie verte, et le carburant nécessaire pour la transporter ? Celle-là est très haute (et alors ?) et très pure (on voudrait voir ça...). En voici une qui fait sa publicité en faisant faire un pied de nez à une particule de sodium qui ensuite rit toute seule. Et puis celle-là, de qualité transparente (il ne manquerait plus qu'elle soit trouble...). Parfois elle fournit le calcium nécessaire pour prévenir l'ostéoporose du troisième âge, parfois elle est utile dans la prévention de la calculose, parce qu'elle est pauvre en calcium. Bref, ce n'est que si l'on boit tout qu'on peut choisir de boire l'eau en bouteille. Si par contre, on ne boit pas tout et qu'au lieu de l'eau en bouteille on boit l'eau du robinet, on obtient une épargne économique qui entraîne une diminution de la pollution environnementale et une amélioration de la qualité de vie individuelle. Et une décroissance du produit intérieur brut suite à la diminution non seulement de la demande d'eau en bouteille, mais aussi des produits pétroliers utilisés dans toutes les phases de la production et du transport.

Cela ne dérange pas uniquement les industries qui mettent en bouteilles et vendent l'eau minérale, mais aussi les entreprises de transport et les industries pétrochimiques, ainsi que les ministres des finances parce que cela réduit les recettes de la TVA sur les ventes d'eau en bouteille et les accises sur les carburants qui sont consommés pour les produire et les transporter ; les autres ministres parce que, par conséquent, on réduit leurs dotations ; les bourgmestres et les présidents des entreprises municipales, les consortiums et les sociétés anonymes à actionnariat majoritairement public pour la gestion des déchets, parce que cela diminue les recettes des décharges et des incinérateurs ; les gestionnaires des réseaux de chauffage urbain alimentés par les incinérateurs parce qu'ils doivent remplacer le manque de combustibles dérivant des déchets (qu'ils récoltent en se faisant payer) par du mazout (qu'ils doivent acheter).

« Avant de partir en ville à la recherche d'un travail, au pays, j'ai toujours bu de l'eau de source. L'eau du robinet, je n'arrive vraiment pas à la boire. Mais avec l'argent de mon salaire, je peux m'acheter de l'eau de source en bouteille. Et payer l'essence nécessaire pour aller la prendre et la transporter à la maison. Oui, je sais qu'au pays je ne payais rien et que les bouteilles en plastique font augmenter les déchets, mais j'ai une conscience écologique et je suis convaincu qu'il n'y a pas de futur pour l'humanité sans le développement durable. C'est pour cela que je trie scrupuleusement mes déchets. En plus, en achetant l'eau en bouteille, je soutiens les emplois dans les entreprises qui produisent les bouteilles en plastique, dans les entreprises qui mettent l'eau en bouteille, dans les entreprises de transport, dans les agences publicitaires qui inventent des spots avec beaucoup d'esprit, dans les entreprises qui ramassent et éliminent les déchets. Je suis un bienfaiteur de l'humanité. Pourtant, malgré mes comportements vertueux, maintenant ils veulent construire une usine de valorisation énergétique des déchets dans le quartier où j'habite. Ils disent que c'est une installation sûre et qu'elle n'émet aucun polluant, pas comme les vieux incinérateurs. Au contraire, les dernières analyses montrent qu'il en sort un air plus propre que celui qui y rentre. D'autre part, si les déchets augmentent, il faudra quand même trouver un système écologiquement correct pour les éliminer. Cependant, l'incinérateur – pardon, l'usine de valorisation énergétique des déchets – j'aurais préféré qu'ils le construisent un peu plus loin de chez moi ».

XI.

CHANGERAIS-TU ?[1]

Tu es dans ta voiture, dans un embouteillage, comme tous les matins. Tu regardes devant toi. Trois files compactes de voitures émettent du gaz d'échappement dans le ciel gris. Sans bouger la tête, tu tournes les yeux vers le rétroviseur : trois files compactes de voitures émettent du gaz d'échappement dans le ciel gris. Tu tournes un peu la tête, à droite, puis à gauche. À ta droite, tu vois une voiture. La personne au volant a le regard vide. À ta gauche, tu vois une voiture. La personne au volant a le regard vide. De l'autre coté de la bande médiane, trois lignes compactes de voitures sont arrêtées dans la direction opposée et émettent du gaz d'échappement dans le ciel gris. Dans chaque voiture, il n'y a qu'une seule personne. Toutes attendent patiemment que la situation se débloque, comme tous les matins. A la radio, tu entends – et des radios de leur voiture les autres entendent – le premier ministre repousser les critiques de l'opposition qui l'accuse d'avoir appauvri le pays parce qu'il n'a pas été capable de faire croître l'économie. Ce n'est pas vrai, dit-il, il suffit de regarder les files des voitures le matin. Dans chaque voiture, il n'y a qu'une seule personne. Si chacun possède une voiture, cela signifie que nous sommes un pays riche. Toi, dans ta nouvelle voiture, tu les écoutes et tu penses au remboursement qui arrive à échéance. L'été passé, tu n'as pas pu résister. Elle était si belle que tu en es tombé amoureux au premier regard. Avant de l'acheter, tu t'es bien documenté dans *Quattroruote* (ndt : magazine de l'automobile), tu en as parlé avec les collègues durant la pause-café, tu as montré la brochure à ta famille. Les enfants étaient aussi excités que toi. Vous regardiez avec une attention particulière le spot publicitaire qui la présentait à la télévision. C'est elle, elle est vraiment belle. Lorsque tu as entendu que tu pouvais l'avoir sans même verser un euro d'acompte et en réalisant le premier versement après les congés, vous êtes passés à l'action et vous êtes allés la chercher chez le concessionnaire. Vous étiez heureux comme des rois. Et maintenant tu es ici, dans un embouteillage, comme avec ta précédente voiture. Demain, ce sera la même histoire et ce sera la même histoire l'année prochaine et pour les trente années à venir, parce que pour faire vivre ta famille, tu dois tout acheter, et cela parce que tu ne sais rien faire d'autre que de déplacer une souris d'ordinateur. Si tu ne gagnais pas d'argent en déplaçant une souris, tu ne pourrais même pas assurer les versements de cette nouvelle voiture avec laquelle tu te mets dans la file tous les matins pour aller déplacer une souris. Et tu ne peux même pas te mettre en grève comme ton père pour avoir plus d'argent sur ta fiche de paie parce qu'aujourd'hui, on licencie sans trop y penser. Sais-tu combien il y a de chômeurs capables de déplacer leur souris comme toi et mieux que toi ?

Si chacun de nous possède une voiture et que, chaque matin, il y a des files interminables de voitures avec une seule personne à bord, cela ne veut pas dire, comme l'affirme le premier ministre, que nous sommes un peuple riche. Cela veut dire que nous avons abdiqué de la faculté de penser et que nous avons été anesthésiés de manière irréversible. Nous ne nous rendons plus compte qu'il est absurde de nous mettre en colonne dans des files interminables chaque matin et nous ne sentons plus la souffrance que cela engendre. Ceux qui gardent une lueur de pensée et de sensibilité se cachent derrière l'alibi de ne pas pouvoir faire autrement. De ne pas avoir d'autre choix. D'être obligé de le faire parce qu'il faut gagner de l'argent pour vivre. Il suffit d'approfondir un peu la réflexion pour que survienne la conviction qu'en effet, il faut payer un prix au progrès, mais que nous vivons dans un monde incomparablement meilleur que toutes les époques passées. Il n'y a jamais eu autant de bien-être. La durée de vie s'est allongée. La science et la technologie ont fait des miracles. Et si aujourd'hui le progrès nous crée quelques problèmes, demain il les résoudra. Bienvenue dans l'ère de l'optimisme, gueulait un intellectuel soudoyé pour réaffirmer, grâce à l'exaltation euphorique de la consommation de choses, l'abdication de la pensée et l'anesthésie de la souffrance. Malgré les alibis de la nécessité, se placer en colonne, chaque jour durant des heures, lors des trajets maison-travail-maison et chaque week-end, durant des heures, lors des trajets des villes-travail vers les villes-congé puis à nouveau vers les villes-travail, est un libre choix. Personne n'oblige personne à le faire. C'est un modèle de vie, lié à la croissance de la production de marchandises, qui est intériorisé culturellement, depuis l'âge de quatre mois par ceux qui sont emballés tôt le matin et laissés rapidement à la crèche où ils resteront toute la journée ; depuis l'âge de quatre ans par ceux qui ont la chance de subir le même sort à partir de l'école maternelle ; depuis l'âge de sept ans par les désormais très rares privilégiés qui réussissent à y échapper jusqu'au début de l'école obligatoire. Tu passes toute la journée dans un lieu différent de ta maison, obligé de partager avec d'autres ta journée et l'attention d'adultes préposés à te suivre, au lieu de tes parents, qui doivent travailler toute la journée pour avoir l'argent nécessaire pour t'acheter le nécessaire et le superflu. Tu en déduis que la seule manière d'avoir le nécessaire et le superflu est de l'acheter, que si l'on n'a pas la possibilité d'acheter, on ne peut pas vivre, que l'éloignement de tes parents pendant toute la journée est inévitable. Pour tous les enfants de ton âge, c'est ainsi. Il s'agit de la seule manière de vivre que les tiens et leurs parents puissent concevoir. Ils te répètent sans cesse qu'elle est meilleure que la vie qu'on vivait dans le passé, lorsqu'il y avait moins de richesse et moins de commodités, lorsque la science et la technologie n'avaient pas atteint les niveaux actuels. Quand tes grands-parents étaient enfants, il n'y avait pas de télévision et leurs parents n'avaient pas de voiture. Lorsque nous avions ton âge, il n'y avait pas de téléphone portable. Tout, autour de toi, répète obsessivement que les choses rendent heureux, tes copains le disent, leurs parents et les tiens, les émissions de télé, les publicités. Après un traitement de ce genre, il est très probable que tu ne parviennes même pas à imaginer qu'on puisse vivre autrement. Il est très probable que quand ton tour viendra, tu iras chaque jour te mettre dans les embouteillages avec ton regard perdu dans le vide dans une triple file de voitures sur le trajet maison-travail-maison. Tu n'as qu'une possibilité d'échapper à cette condamnation. Que l'anesthésie n'ait pas réussi à éliminer complètement la souffrance. Seul un profond malaise existentiel causé par les obligations liées à cette manière de vivre peut t'inciter à en désirer une autre, même si tu ne sais pas comment elle pourrait être.

Le premier pas à accomplir pour se délivrer de ces obligations est de comprendre que la croissance n'est pas au service des êtres humains, mais que les êtres humains sont au service de la croissance, qui les soumet à ses exigences en les obligeant à produire des quantités toujours plus grandes de marchandises et à les consommer pour continuer à en produire encore davantage. Pour se libérer de cette double subordination et devenir maître de son destin, il faut réduire l'incidence des marchandises dans sa vie, en achetant seulement l'indispensable sans céder aux sirènes du consumérisme, en élargissant l'autoproduction de biens et en augmentant les échanges non mercantiles. Si l'on dépend totalement des marchandises, on n'a pas d'autre choix que de s'adapter à la manière de vivre imposée par la croissance. On ne peut pas éviter de se mettre dans les embouteillages chaque jour dans une file de voitures sur le trajet maison-travail-maison. Si, par contre, une partie des biens nécessaires à la survie est autoproduite et une autre partie échangée sous la forme de dons réciproques à l'intérieur d'un réseau de liens sociaux fondés sur la solidarité, on réduit la dépendance aux marchandises. On peut en acheter moins, raison pour laquelle un revenu monétaire inférieur est suffisant. On peut éviter de se mettre dans les embouteillages chaque jour dans une triple file de voitures sur le trajet maison-travail-maison. On peut organiser sa vie selon ses propres exigences. Dans les systèmes économiques fondés sur la croissance du produit intérieur brut, les espaces de l'autoproduction et des échanges non mercantiles ont été progressivement occupés par les marchandises et marginalisés. Ils subsistent en dimensions réduites dans les familles mononucléaires urbaines, presqu'exclusivement sous forme de travaux domestiques. Malgré la faible incidence que la marchandisation de ces derniers peut avoir sur la croissance, de temps à autre certains gouvernements tentent de les stimuler par des allègements fiscaux. Si l'on dédie plus de temps à la production de marchandises, le revenu croît et l'on peut payer une personne pour accomplir les travaux domestiques qu'on n'a plus le temps de faire soi-même parce qu'on travaille plus. Ou une baby-sitter, pour qu'elle prenne soin des enfants pendant les heures supplémentaires qu'on dédie au travail. Ou un dog-sitter, pour qu'il balade le chien. Des formes significatives d'autoproduction alimentaire survivent sur des terrains agricoles marginaux qui n'ont pas été convertis à la monoculture et à la production intensive pour le marché. Dans les territoires où cette conversion s'est produite, la monoculture des produits les plus rentables a occupé toutes les surfaces, puisqu'elle fournit un revenu monétaire plus important que le revenu en nature qu'on peut obtenir en produisant un peu de tout pour son autoconsommation. De cette manière, le produit intérieur brut croît davantage et les producteurs agricoles deviennent plus riches. Mais ils doivent acheter, comme n'importe quel citoyen, tous les autres produits agricoles dont ils ont besoin.

Placer l'autoproduction de biens et de services au centre de sa propre vie au lieu de continuer à la maintenir confinée dans des domaines marginaux ne peut se réaliser qu'à la campagne. Mais la majorité de la population, dans les sociétés fondées sur la croissance, vit dans les villes, où elle a été attirée par la conviction de pouvoir augmenter son bien-être en se mettant au service de la production de marchandises pour obtenir le revenu nécessaire à leur achat. Et c'est justement dans les villes que la dépendance aux marchandises est la plus forte et que la souffrance causée par les obligations que le mécanisme de la croissance impose à la vie des êtres humains est la plus aiguë. D'autre part, le transfert de la ville à la campagne entraîne un changement de vie si radical que, même si ces dernières années il a connu une discrète impulsion, il reste confiné à des franges limitées de la population qui détiennent des caractéristiques très particulières : la possibilité d'effectuer du télétravail et/ou un travail à son compte, l'absence d'enfants en âge scolaire, un détachement intérieur du consumérisme et un fort besoin de donner du sens à la vie, le fait de se sentir étranger au système de valeurs sur lesquelles est fondée la société de la croissance, un rapport empathique avec la nature et ses manifestations, le refus des comportements de masse, une grande attention à l'intériorité. Pour ces personnes, généralement de formation intellectuelle, la récupération de l'autoproduction, outre sa valeur comme moyen efficace de se libérer de la subordination aux marchandises, acquiert une valeur supplémentaire : elle permet la reconquête du travail manuel comme instrument du savoir-faire et de la relation directe de l'homme avec le monde naturel. Mais le confinement de la vie aux trajets maison-travail dans des milieux totalement artificiels, la réduction du travail à une série d'activités parcellisées, répétitives, visant l'obtention d'un revenu, l'impossibilité d'échapper à un rôle prédéfini rythmé par des phases programmées du berceau à la tombe, constituent une cage qui étouffe quiconque n'est pas fait de plastique, possède des capacités manuelles, ait envie de s'en servir, et éprouve le désir de connaître et de s'intégrer harmonieusement dans les dynamiques de vie de la biosphère ; quiconque sait faire et éprouve le besoin de faire ; quiconque peut utiliser ses mains et souhaite utiliser son cerveau pour résoudre par lui-même les problèmes qui apparaissent dans sa vie, qu'il invente au fil des jours ; quiconque ne se contente pas de petites bouillies lyophilisées, est toujours resté à distance des lieux ravagés par le développement où tout s'achète et se vend ; quiconque préfère les endroits que le développement n'a pas considéré intéressants de coloniser, les lieux où ce qui sert se fait et ne s'achète pas. La tâche de transmettre le savoir et le savoir-faire dont a besoin celui qui, après en avoir expérimenté l'inconsistance et la férocité dans sa vie, a décidé de s'en éloigner, est confiée à celui qui, instinctivement, ne s'est pas laissé attirer par les fausses idoles de la modernité et du progrès[2].

Le refus d'abandonner la campagne pour déménager en ville comme le déménagement de la ville à la campagne – à l'opposé donc des vagues qui ont caractérisé l'histoire du XXe siècle, et qui ont été reprises, avec une nouvelle intensité, par les pays du Sud et de l'Est vers les pays occidentaux – ne sont pas uniquement des choix individuels ou familiaux. À partir des années 1970, ces choix ont été réalisés par des groupes de jeunes qui voulaient expérimenter des rapports interpersonnels et des modalités de travail non marchandisées, basées sur la solidarité réciproque et sur la non-violence vis-à-vis de tous les êtres vivants. Toutefois, peu de ces expériences ont résisté. D'autres ont été réalisées par la suite. Chacune d'elles a son histoire et revendique son autonomie, même si beaucoup d'éléments les réunissent. Le premier est le choix des lieux dans lesquels ces groupes, qui se reconnaissent dans la définition d'*écovillage*, se sont installés : des bourgades loin des lignes directrices du développement, abandonnées par leurs habitants partis vers les quartiers des périphéries urbaines ; terrains sur les collines où l'impossibilité de mécaniser l'agriculture n'a pas permis de réaliser de monocultures industrielles ; fermes dans des vallées et sur les faîtes des montagnes où l'asphalte n'est jamais arrivé. Jour après jour, saison après saison, année après année, des maisons en ruine sont revenues à la vie, des terrains ont recommencé à nourrir. Dans ces lieux, ces groupes ont rétabli des anciens modes de travail et des anciens métiers, ils emploient peu de prothèses énergétiques et mécaniques, ils s'appuient sur l'adresse manuelle, la force musculaire, la collaboration des éléments naturels et des animaux. L'autoproduction n'épuise pas toutes les activités des écovillages, mais elle occupe un rôle central dans leur économie, de même que les formes d'échanges non mercantiles entre les habitants. Cela n'exclut pas que quelques-uns parmi eux effectuent des travaux en échange d'un revenu, ni l'utilisation de technologies plus avancées, des énergies renouvelables à l'informatique, pour réduire à son minimum l'impact du travail sur l'environnement [3].

C'est dans les villes, pourtant, que le défi pour récupérer des espaces d'autonomie face à la marchandisation totale devient décisif. Pour deux raisons. D'abord parce qu'il est potentiellement en mesure d'impliquer un nombre beaucoup plus important de personnes et acquiert donc une valeur politique plus grande. Ensuite parce que, porté dans des endroits où la croissance de la production et de la consommation de marchandises trouve sa plus grande expression et où elle semble ne pas céder d'espace à des choix de vie alternatifs, il comporte une potentialité culturelle plus grande. Sa moindre radicalité, par rapport au retour à la campagne, ne le rend pas moins incisif car il offre la possibilité de montrer que le Moloch a des pieds d'argile, qu'on peut échapper à son emprise non seulement en s'éloignant de lui, mais aussi en faisant comme s'il n'était pas là, en n'écoutant pas ses ordres et en tournant le dos à la foule de ses fidèles obéissants. En ville, les possibilités de réduire l'impact des marchandises dans sa vie sont certainement inférieures à celles de la campagne car l'autoproduction de biens y est restreinte du fait des espaces plus limités, mais elles sont sûrement plus importantes que ce que le conditionnement aux valeurs de la croissance nous a convaincu de croire. Tout dépend des choix que l'on fait. Si l'on accepte la logique de la croissance, on travaille toujours plus pour avoir un revenu de plus en plus élevé afin d'acheter la plus grande quantité possible de marchandises. On en produit pour en acheter et on en achète pour en produire, toujours de plus en plus. Le sens de la vie s'épuise dans cette double dépendance aux marchandises. Il n'y reste pas d'espace pour la spiritualité, pour les liens affectifs, ni pour des relations humaines significatives. Si, par contre, la consommation de marchandises se réduit à l'indispensable, sans renoncements ni limitations, on peut vivre avec un revenu monétaire inférieur et l'on peut dédier moins de temps à la production de marchandises. Il reste alors plus de temps pour soi, pour ses exigences spirituelles, pour l'amour et les relations humaines. Si pour faire croître l'économie il est nécessaire d'acheter quelque chose, *buy something,* même si l'on n'en a pas besoin – parce que ce n'est que si l'on consomme toujours plus qu'on peut continuer à produire toujours plus –, pour se libérer des obligations de la croissance, pour respirer, même dans les villes, un air moins pollué et moins chargé de particules fines, pour affaiblir les logiques de guerre pour le contrôle des ressources énergétiques, il faut acheter le moins possible, *buy nothing.*

Il existe trois possibilités pour acheter le moins possible. La réduction de la consommation de marchandises *manifestement* inutiles et/ou nuisibles. La substitution de quelques marchandises par des biens autoproduits. Le don réciproque de biens et services dans le cadre de liens sociaux à caractère communautaire (des mots latins : *cum,* qui signifie « avec » et *munus,* qui signifie « don »). Les marchandises sont *manifestement* inutiles si elles créent plus de malaises que d'utilités, et *manifestement* nuisibles si elles engendrent des formes de pollution reconnues. Oui, même la voiture avec laquelle tu te mets en colonne chaque matin dans une triple file. Si tu fais le calcul annuel des heures que tu passes au volant, que tu les additionnes aux heures de travail nécessaires pour amortir l'investissement et pour couvrir les dépenses de gestion, que tu divises le tout par les kilomètres que tu parcours, tu obtiens une vitesse moyenne de 6 km/h. Pour obtenir une vitesse identique à celle d'un piéton mais inférieure de deux tiers à celle d'un cycliste, l'air des villes devient irrespirable, l'effet de serre augmente, des guerres se déchaînent pour le pétrole, le sol est étanchéifié, chaque année 9 000 personnes (ndt : en Italie) sont tuées dans les accidents de la route. Des évidences à ce point manifestes que tu ne les as même pas prises en compte lorsque tu as acheté ta nouvelle voiture avec laquelle tu te mets en colonne chaque jour dans une triple file pour aller travailler, pour gagner l'argent nécessaire au paiement des mensualités de remboursement. L'autre soir, tu as participé à une assemblée enflammée contre le projet de construction d'un incinérateur près de ta maison. Le gouvernement provincial au grand complet te disait qu'il s'agissait de la manière la plus propre de traiter les déchets. Une grande flamme purificatrice qui les fait disparaître dans le néant. Et les fumées ? Et les boues de traitement des fumées ? Et les déchets empoisonnés qui subsistent ? Ils disparaissent dans le néant, disaient-ils, et ils font gagner « beaucoup de beaux petits sous » en produisant de l'énergie. Un miracle pour la croissance. Ainsi on peut continuer à produire toujours plus, à consommer toujours plus, à faire toujours plus de déchets dont on tire aussi de l'énergie. Pourtant, l'incinérateur, tu n'en voulais pas. Le même soir, en rentrant à la maison après le travail, tu as acheté un troisième portable et un nouveau survêtement bleu à ton fils, tu as rempli d'emballages le chariot du supermarché, plastique, polystyrène, papier, carton, et au milieu de nombreux déchets qu'une flambée purificatrice transformera en énergie, tu as déposé un kilogramme de poires en provenance d'Amérique du Sud (les saisons là-bas sont inversées par rapport aux nôtres…) qui, pour arriver sur ta table, ont consommé beaucoup de carburant et rempli l'atmosphère de CO_2… Ah, tu fais le tri des déchets ? Tu dis qu'il faut l'augmenter pour résoudre le problème des déchets ? Tu en produis chaque année plus, tu jettes les choses que tu achètes de plus en plus rapidement pour en acheter de nouvelles, tu es une machine à déchets, et tu râles contre l'incinérateur ? Augmenter le tri des déchets ? Mieux vaut acheter le moins possible et faire durer le plus longtemps possible ce que tu achètes. *Buy nothing.*

L'autre soir, ton collègue un peu étrange – il s'appelle Saroldi, me semble-t-il – t'a invité à la réunion du gaz. « Mais dans mon immeuble – as-tu répondu – le méthane, on l'a déjà. » Tu as ainsi appris que ce GAS était un acronyme composé des initiales des mots *Groupement d'Achat Solidaire*. « Vraiment étrange, ce Saroldi », as-tu pensé, mais tu y es allé tout de même. De toute manière, ce soir-là, à la TV, il n'y avait rien d'intéressant devant lequel t'endormir. D'abord ils t'ont offert un sandwich. « Même le pain est étrange », as-tu pensé. Tu n'en avais jamais vu de si mou et de si compact. Heureusement, avant même que tu n'ouvres la bouche pour demander où ils l'avaient acheté, Saroldi t'a dit qu'il avait été fait à la maison. Tu as évité de faire piètre figure ! Tu ne t'imaginais même pas qu'aujourd'hui, quelqu'un faisait encore du pain à la maison. C'est une chose du passé, étais-tu habitué à penser. Nous n'avons même pas de temps pour laver la salade. Heureusement qu'on la vend déjà lavée. Tu rentres du travail, tu ouvres le frigo, tu jettes l'enveloppe de plastique, machine à déchets, et tu la mets à table. Certes, elle est un peu (beaucoup) plus chère, mais elle en vaut la peine. « Tu sais – t'a dit Saroldi en interrompant tes pensées –, la farine avec laquelle ce pain est fait a été obtenue de grains cultivés biologiquement, moulus à la pierre dans un moulin à quelques kilomètres d'ici. Nous, au GAS, nous allons chacun à notre tour chercher un sac de 25 kilos pour chaque famille. Cela nous coûte 80 centimes le kilo. Chaque famille a son levain-chef, il le pétrit avec de l'eau et de la farine et cuit ce qu'il faut pour trois ou quatre jours. Il faut vingt minutes pour pétrir le pain et quarante pour le cuire. Si je devais aller l'acheter chaque jour (« mais moi je l'achète chaque jour… » t'es-tu dit), il me faudrait plus de temps. Et il coûte trois fois moins cher que le pain qu'on vend dans le commerce. En plus, nous n'avons pas besoin de sacs pour le porter du magasin à la maison. Nous ne faisons pas couper des arbres pour faire le papier et nous ne faisons pas de déchets ». « Il coûte moins cher, est biologique, est meilleur, ne fait pas de déchets. Que de choses sait ce Saroldi… Qui aurait pu l'imaginer ? » as-tu pensé, pendant qu'un de ses amis t'offrait un yaourt aux fruits. « Fait maison celui-là aussi ? » as-tu hasardé. « Fait à la maison, de même que la gelée, avec des fruits achetés chez un agriculteur biologique un peu en-dehors de la ville, avec lequel nous avons passé un accord. Imagine qu'il y a des gens qui achètent des fruits produits en Amérique du Sud ! ». « Chut – as-tu dit mentalement à ton épouse – espérons que personne ne nous ait vu ». « Ce paysan – a poursuivi l'ami de Saroldi – nous lui achetons tout ce qu'il produit et nous allons même lui donner un coup de main de temps à autre, le samedi ou le dimanche, ainsi les enfants respirent du bon air au lieu de nous mettre en colonne sur l'autoroute pour aller respirer du mauvais air sur la route de la mer. Nous payons ses produits le double de ce que lui paierait le grossiste, et nous les payons la moitié de ce qu'ils coûtent au supermarché. Et nous mangeons de la nourriture sans poison. Et sans emballages, ainsi nous ne faisons pas de déchets ». « C'est décidément une idée fixe », as-tu pensé alors qu'il poursuivait : « Sans devoir aller faire les courses chaque jour. Avant l'accord avec notre GAS, le paysan était en train de céder son activité parce qu'il n'arrivait pas à soutenir la concurrence des grands producteurs. Ceux-là, pour abaisser les coûts, remplissent la terre et ses fruits de poisons. Maintenant, il est tout heureux. Nous aussi nous sommes très heureux. Grâce à ce que nous autoproduisons et à ce que nous achetons directement aux producteurs en sautant les intermédiaires, nos dépenses se sont fortement réduites. Je le sais avec certitude parce que nous remplissons chaque mois la fiche des bilans de justice (ndt : ce sont des bilans mensuels dans lesquels chaque famille indique ses consommations « normales » et ses objectifs de substitution d'un produit considéré comme nocif par un autre produit qui l'est moins). Ainsi, depuis l'année passée je travaille à temps partiel et j'ai pu reprendre les études que j'avais interrompues. Pendant les heures où je reste à la maison, en plus de m'occuper de mon fils, un couple d'amis du GAS m'apporte le leur. De cette manière, nous épargnons l'argent pour la crèche et avons une autre dépense en moins ». Lorsque tu es sorti, tu te sentais idiot. Et tu avais raison ; « Je suis l'idiot du village global », as-tu pensé pendant qu'avec votre épouse vous vous installiez dans votre voiture presque neuve et que tous les autres rentraient chez eux à vélo. Mieux acheter le moins possible. *Buy nothing.*

Tu viens de décharger ton fils à la crèche. Tu l'as réveillé tôt et tu l'as chassé de son lit. Tu l'as gavé et lavé hâtivement. Tu lui as enfilé un beau petit nouveau survêtement en plastique doublé de plastique et tu l'as sorti de la maison. Il faisait froid ce matin-là. Et il pleuvait. Tu l'as embarqué dans la voiture et tu l'as laissé à la puéricultrice. Ce matin aussi, en retard. Tu as quitté la crèche en coup de vent et tu t'es dirigé vers le périphérique. Maintenant tu es dans la file. Tu te souviens de l'ami de Saroldi qui travaille à temps partiel et qui le matin s'est remis à étudier tandis que son fils joue dans l'autre chambre avec son ami. Lui, il s'est réveillé dans le calme, il a pu rester plus longtemps au lit, il a pris son petit déjeuner tranquillement en regardant les gouttes de pluie glisser dehors sur les vitres. Tu as à nouveau éprouvé la sensation désagréable d'être l'idiot du village global. Mais hier soir tu étais le seul. Maintenant tu es en grande compagnie. Lentement les souvenirs de ton enfance reviennent. La première chose qui te vient à l'esprit – sais-tu pourquoi ? – c'est qu'il n'y avait pas de poubelles dans la rue. Puis te reviennent à l'esprit les vêtements dont tu héritais de ton grand frère et qui passaient ensuite à ton cousin plus petit. Et les pull-overs de laine à manches longues sur la peau, qui te faisaient des démangeaisons lorsque tu les portais. Car à la maison, il n'y avait qu'une cuisinière qui devait suffire à chauffer toutes les chambres, alors que maintenant ton fils, l'hiver, est à la maison avec un tee-shirt. Tu te revois au lit malade. Cela arrivait tellement rarement. Même pas une grippe par an. Ton fils tombe malade plus souvent, cela doit être à cause des maladies qu'ils se refilent l'un l'autre à la crèche, ou peut-être parce qu'il y a trop d'écart entre les 24 degrés à l'intérieur de la maison et le froid du dehors. Lorsque cela arrive, vous devez appeler une baby-sitter pour toute la journée. De l'argent qui s'en va, en plus de celui donné à la commune pour la crèche. Une brave fille, il n'y a rien à dire, mais rien à voir avec les histoires que te racontait ta grand-mère assise auprès de ton lit. Ils habitaient dans la même maison, avec vous, les grands-parents (ou peut-être étaient-ce vous qui habitiez avec eux). Tu as un doute, tu penses que toi qui avais moins, tu te sentais mieux que ton fils qui a beaucoup plus. Tes parents habitent à l'autre bout de la ville. Ton père a un certain âge aujourd'hui, il ne bouge presque jamais. Ta mère ne peut pas le laisser seul pour venir s'occuper de ton enfant, et puis elle ne conduit pas. De toute façon, ton épouse est contente qu'ils habitent loin et vous vous voyez une fois de temps en temps. Tu repenses à la soirée d'hier avec ces types étranges du GAS. Tu commences à croire que l'ami de ton collègue Saroldi vit mieux que toi avec la moitié de ton argent. Non parce qu'il dépense la moitié de ce que tu dépenses et qu'ainsi vous êtes quittes, mais parce que ce qu'il obtient sans payer est mieux que ce que tu obtiens en payant. Il commence à te sortir de la fumée du nez. Calme-toi, tu conduis, cela peut être dangereux. Ils parlaient un langage étrange hier soir, ces types. Les banques du temps. Tu n'osais pas les questionner, mais tu devais avoir un point d'interrogation imprimé sur le visage, parce qu'ils te l'ont expliqué sans que tu le leur aies demandé. Chaque membre de la banque met à disposition gratuitement son savoir-faire pour un certain nombre d'heures hebdomadaires et, lorsqu'il en a besoin, il a le droit de prélever des autres membres leur savoir-faire pour le même nombre d'heures. Quelqu'un tient la comptabilité pour tous. Dans certains cas, ils ont imprimé des sortes de chèques à donner en échange des heures de travail gratuites reçues. Une façon intelligente de dépasser l'isolement des familles mononucléaires dans les grandes villes et de valoriser les relations de voisinage, en échangeant réciproquement, sans payer, les services qu'on est en mesure d'offrir par les services dont on a besoin. Une manière de reconstruire les liens sociaux détruits par les échanges mercantiles, en adaptant à la réalité actuelle les formes d'échange fondées sur le don et sur la réciprocité qui caractérisaient les familles élargies. Elle améliore la qualité de la vie et diminue le produit intérieur brut. Dans le GAS, les liens de solidarité sont encore plus forts. Les achats collectifs ne constituent qu'un des aspects du partage d'un style de vie fondé sur la sobriété, le respect de l'environnement et la solidarité interpersonnelle. L'idée fixe de n'acheter que l'essentiel, à des producteurs voisins, pour réduire la consommation de carburant due aux transports, les *filières courtes*, l'idée fixe de ne pas produire de déchets, celle de l'agriculture biologique et des petits producteurs, ou encore la nécessité d'une connaissance et d'une solidarité réciproque entre producteurs et consommateurs. Beaucoup d'entre eux vont en vacances en Sicile chez un producteur d'agrumes qui approvisionne de nombreux GAS du Centre-Nord et qui n'aurait pas eu de futur sans le GAS. Toutes ces idées fixes, mises ensemble, participent à une conception différente de la vie, qui donne plus d'importance aux personnes qu'à l'argent, qui se propose de diminuer au maximum l'empreinte écologique en réduisant les échanges mercantiles et la croissance du produit intérieur brut. Dans le GAS, chacun fait quelque chose pour les autres et reçoit quelque chose des autres sans l'intermédiaire de l'argent. Celui qui va acheter pour tous, celui qui met à disposition un garage comme dépôt commun, celui qui divise les parts et fait les comptes. Quelques heures par jour, quelqu'un s'occupe, en plus de ses enfants, de ceux des autres. Les grands-parents à la retraite redécouvrent qu'ils ont un tas de moyens de se rendre utiles, pas seulement pour leurs petits-enfants. On redécouvre les avantages de la famille élargie tout en évitant ses inconvénients. On dépense moins pour avoir les mêmes services que la société de croissance a marchandisés, avec ce petit plus qu'ont les choses offertes sur les choses achetées. Il vaut mieux acheter le moins possible. *Buy nothing.*

Te voici enfin arrivé au bureau. Tu laisses ta voiture presque neuve dans le garage souterrain et tu t'engouffres dans l'ascenseur. Tu pointes et tu t'assieds devant l'ordinateur. Jusqu'à ce soir, des colonnes de chiffres qui te sont égaux te glisseront devant les yeux. À la maison, l'ami de Saroldi prépare l'examen d'Histoire romaine. Devant ses yeux glissent les pages du livre de Jérôme Carcopino, *La vie quotidienne à Rome à l'apogée de* l'empire [4].

> « C'était là sans doute l'attrait le plus fort de la religion nouvelle. Les chrétiens étaient tous frères et s'appelaient ainsi. Leurs réunions prenaient souvent le nom d'agape, qui en grec signifie amour. Ils s'aidaient constamment les uns les autres « sans fracas ni hauteur ». De communauté en communauté c'était une incessante circulation « de conseils, de renseignements, de secours matériels » et « tout cela, comme le dit Duchesne, était autrement vivant que les confréries païennes ». Et des chrétiens, combien devaient dire alors : « que leur religion est simple et pure ! Quelle confiance ils ont en leur Dieu et en ses

promesses ! Comme ils s'entr'aiment et comme ils sont heureux entre eux ! »

Au IIe siècle de notre ère, assurément, cette joie évangélique n'inondait encore que de petits groupes isolés dans la masse de l'énorme cité ; mais elle était déjà contagieuse et, sans aucun doute, elle avait commencé, à l'insu du plus grand nombre, de transformer des milliers d'existences. C'est un aspect dont il faut se souvenir si l'on veut comprendre la vie à Rome à cette époque. L'Église y est encore peu visible. Mais elle y est présente ; elle agit ; et si ses bienfaits ne se produisent pas au grand jour, nous ne devons pas ignorer les virtualités salutaires dont elle était sourdement chargée. Elle élabore en secret les remèdes aux maux qui minaient la civilisation dans la Ville. Au nom d'un idéal nouveau, elle restaure d'antiques vertus ébranlées ou perdues : la dignité et le courage des individus, la cohésion des familles, le sens des vérités morales dans la conduite des adultes et dans l'éducation des enfants ; et, de plus, elle imprègne les relations entre les hommes d'une humanité que les dures sociétés antiques n'avaient pas encore connue.

Dans cette Rome, dont la grandeur apparente dissimule mal désormais la désagrégation interne qui, à la longue, ruinera sa puissance et dilapidera ses richesses, ce qui frappe d'abord, au temps des Antonins, c'est le fourmillement de ses foules aux pieds de la majesté impériale, sa fièvre de l'argent, l'étalage du luxe qui recouvre ses misères, la prodigalité des spectacles où s'étire sa paresse et s'attisent ses mauvais instincts, l'inanité des divertissements intellectuels où les uns s'anémient, la frénésie des jouissances charnelles qui abêtit les autres.

Mais il ne faut pas que cet éclat trompeur, ni ces ombres sinistres, cachent la petite lueur qui, si faible et tremblante soit-elle, s'était levée [...] comme l'aube naissante d'un autre monde ».

Tiens, pense l'ami de Saroldi, un autre monde est possible ! Nous ne sommes pas les premiers dans l'Histoire à sentir cette exigence.

Notes

3. Pauvreté et richesse

1. Umberto Galimberti, *Le cose dell'amore,* Milano, Feltrinelli, 2004, p. 92 ; « Smettiamo di crescere », dans *La Repubblica,* 2 septembre 2005.

2. *La Repubblica,* 2 janvier 2004.

3. *Libération,* 26 juillet 2005.

4. Décroissance, travail et occupation

1. Cette conviction est tellement généralisée que dans la *Rivista anarchica* du 6 mai 2005, on pouvait lire : « La question est simple et décisive : que faisons-nous avec les emplois qui vont disparaître ? Sans croissance, il y a moins d'emplois : c'est une évidence... ». L'hégémonie culturelle exercée par la croissance, qui en dernière analyse est la croissance des profits, a colonisé totalement les catégories mentales, même de celui qui est le plus implacablement hostile au pouvoir qui le gouverne.

5. Décroissance et pays pauvres

1. Cfr. Bill Mckibben, « Ultima rivoluzione di Cuba », dans *Internazionale,* n° 595, 17 juin 2005, pp. 32-38.

2. Riccardo Bocci, « Il cavallo di Troia dell'industrializzazione agricola », dans *Capitalismo Natura Socialismo,* mai 2002.

3. La citation est mentionnée dans l'essai de Riccardo Bocci.

4. Ces informations sont tirées du livre d'Hervé René Martin, *La fabrique du diable. La mondialisation racontée à ceux qui la subissent II,* Castelnau-le-Lez, Climats, 2003, chapitre 12 : « Une autre vie est possible (Entretien avec Pierre Rabhi) ». Pour une analyse plus approfondie, consultez les livres de Pierre Rabhi cités dans la bibliographie.

5. Ibid, pp. 173-174.

6. Ibid, p. 176.

6. Efficacité, sobriété et autoproduction énergétique

1. Donella H. Meadows, Dennis L. Meadows, Jorgen Randers et William W. Behrens du M.I.T., *Rapport sur les limites de la croissance*, traduit de l'anglais par Jacques Delaunay, préface de Robert Lattes, Collection Écologie dirigée par Armand Petitjean, Fayard, Paris, 1972.

2. Dans la bande climatique de la plaine du Pô, chaque degré de température en plus pour chauffer les bâtiments entraine un accroissement de la consommation énergétique de 8 %.

7. Croissance, innovation et progrès

1. Joseph A. Schumpeter, *Capitalismo, socialismo e democrazia*, Milan, Edizioni di Comunità, 1955 (éd. orig. *Capitalism, Socialism and Democracy*, London, 1942).

2. Derniers exemples en date d'aujourd'hui : le tsunami qui a bouleversé les côtes de l'Asie du Sud-est en décembre 2004 et l'ouragan Katrina, qui a ravagé New-Orleans en septembre 2005.

3. Le Corbusier, *Urbanistica*, Milan, Il Saggiatore, 1964, pp. 266-279 (éd. orig. *Urbanisme*, Paris, 1924). Le soulignement est le mien.

4. Mentionné dans : Benoît Duteurtre, *Requiem pour une avant-garde*, Paris, Robert Laffont, 1995, p. 256. Plus généralement sur les transformations urbanistiques de Paris dans la seconde moitié du siècle, voir les paragraphes *Urbanisme* et *La Bataille de Paris*, pp. 254-259.

5. Données du *Rapporto Eurispes 2005*, mentionnées par le quotidien *la Repubblica* du 29 janvier 2005.

8. Consommateurs ou rien

1. Charles Baudelaire, *Lo spleen di Parigi* (*Lo straniero*), dans *Opere*, Milan, Arnoldo Mondadori, 1996, p. 387 (titre orig. *Petits Poemes en prose - Le Spleen de Paris*).

2. *La Stampa*, 15 décembre 1991 et 20 décembre 1993.

9. L'État-providence (du bien-être...)

1. Paolo Passarini, *La Cina capitalista scopre il welfare*, dans *Specchio*, supplément de *La Stampa*, 8 janvier 2005, p. 14.

2. Enrico Franceschini, *Bimbi all'asilo, da soli che stress. È un ormone a causare le bizze*, dans *La Repubblica*, 20 septembre 2005, p. 25. Les caractères italiques et les textes entre crochets sont les miens.

3. Charles Baudelaire, ouvrage cité (Le *joueur généreux*), Paris, Gallimard, 1973, p. 100.

11. Changerais-tu ?

1. Avec ce slogan – qui est l'acronyme en italien de : consommation, environnement, épargne énergétique, styles de vie – le 31 janvier 2005 a été entamée à Venise, dans le cadre des programmes de l'Agenda 21 prévus par l'échevinat à l'Écologie, une initiative qui implique 1300 familles dans le changement de leurs styles de vie. Subdivisées en groupes de 25 suivis par des facilitateurs, ces familles se sont engagées pendant un an à confronter leurs opinions, chaque mois, sur la possibilité d'orienter leur consommation de manière plus sobre et compatible avec l'environnement. Les aspects organisationnels de l'initiative sont gérés par une association qui porte le même nom, par l'association « Bilanci di Giustizia » (Bilans de Justice) et par le laboratoire « L'ombrello (le parapluie) » de l'Institut Universitaire d'Architecture de Venise.

2. Voir le livre de Etain Addey, *Una gioia silenziosa. I diari di Pratale. Racconti di una vita diversa*, Murazzano (CN), Ellin Selae, 2003.

3. Sur la redécouverte de formes de vie alternatives dans des lieux lointains, physiquement et culturellement, des villes, je me permets de renvoyer au chapitre conclusif de mon livre *Ricchezza ecologica*, Roma, manifestolibri, 2003, intitulé *I monasteri del terzo millennio*.

4. Jérôme Carcopino, *La vie quotidienne à Rome à l'apogée de l'Empire*, Paris, 1939, pp. 162-163.

Bibliographie essentielle

Établir une bibliographie, c'est manifester en même temps sa propre ignorance (les livres fondamentaux sur le sujet que l'on ne connaît pas) et ses préférences (les livres sur le sujet qui nous ont marqué), mais à l'abri d'une compatissante ambiguïté (les livres manquants sur le sujet n'ont-ils pas été signalés par ignorance ou parce qu'ils n'ont pas marqué ?). Derrière l'écran de cette ambiguïté, renforcée par les inévitables oublis, je propose une liste de livres, de revues et de sites Internet, qui pourra être complétée.

Je commence par une petite sélection de romans, nouvelles et essais, qui ne sont pas directement liés au débat d'aujourd'hui sur la croissance économique et sur les problèmes sociaux et environnementaux qu'elle engendre.

Arsen'ev Vladimir K., *Dersu Uzala. Il piccolo uomo delle grandi pianure,* Mursia editore, Milano, 1977 (titre orig. : *Dersu Uzala*).

De Saint-Exupéry Antoine, *Le Petit Prince,* Gallimard, Paris, 1946.

Durrel Gerald, *L'uccello beffardo,* Vallardi-Garzanti, Milano, 1987 (titre orig. : *The Mockery Bird,* 1981).

Giono Jean, *Lettre aux paysans sur la pauvreté et la paix,* Éditions Bernard Grasset, Paris, 1938.

—, *L'homme qui plantait des arbres,* Gallimard, Paris, 1980.

Huxley Aldous, *Il mondo nuovo,* Mondadori, Milano, 2000[XIII]

(titre orig. : *Brave New World*).
—, *L'isola*, Mondadori, Milano, 1998^VII (titre orig. *Island*, 1962).
Pallante Maurizio, *I trent'anni che sconvolsero il mondo*, Pendragon, Bologna, 2010.
Papalagi, *Discorsi del capo Tuiavii ti Tiavea delle isole Samoa*, Stampa Alternativa, Roma, 1994.
Savioli Sonia, *Alla città nemica*, Edizioni per la decrescita felice, Roma, 2009.
Stern Horst, *L'ultima caccia. Racconto*, Bollati Boringhieri, Torino, 1994 (éd. orig. *Jagdnovelle*, München 1989).
Thoreau Henry David, *Walden, ovvero, Vita nei boschi*, Rizzoli, Milano, 1996^VII (titre orig. *Walden, or Life in the Woods*, 1854).
—, *Camminare*, SE, Milano, 1989 (titre orig. *Walking*, 1862).

Voici ensuite des livres qui donnent des conseils pour la pratique de la décroissance dans sa vie via l'autoproduction, la sobriété, des modes de consommation responsables et des formes organisationnelles qui permettent des échanges non mercantiles.

Addey Etain, *Una gioia silenziosa. I diari di Pratale. Racconti di una vita diversa*, Ellin Selae, Murazzano (CN), 2003.
Centro Nuovo Modello di Sviluppo, *Guida al consumo critico*, EMI, Bologna, 2003.
Coluccia Paolo, *La Banca del tempo*, Bollati Boringhieri, Torino, 2001.
Gesualdi Francesco, *Manuale per un consumo responsabile*, Feltrinelli, Milano, 2003.
Levine Judith, *Io non compro. Un anno senza acquisti: un'esperienza per riflettere sul potere del mercato*, Ponte alle Grazie, Milano 2006 (titre orig. *Not Buying It. My Year Without*

Shopping, Judith Levine 2006).
Saroldi Andrea, *Gruppi d'acquisto solidali. Guida al consumo locale,* EMI, Bologna, 2001.
—, *Costruire economie solidali,* EMI, Bologna, 2003.
Seymour John, *Per una vita migliore, ovvero, il libro dell'autosufficienza,* Mondadori, Milano, 1977 (titre orig. *The complete book of Self-Sufficiency*). Édition française : *Revivre à la campagne,* Éditions De Borée, 2009.
—, *Per una vita migliore, ovvero, il libro dell'orto frutteto,* Mondadori, Milano, 1979 (titre orig. *The Self-Sufficient Gardener*).
Schillaci Filippo, *Vivere la decrescita,* Edizioni per la decrescita felice, Roma, 2009.
Valer Antonella, *Bilanci di giustizia. Famiglie in rete per consumi leggeri,* EMI, Bologna, 2001.

En troisième lieu, je vous signale des livres à caractère théorique :

Bartolini Stefano, *Manifesto per la felicità,* Donzelli, Roma, 2010.
Bizzocchi Andrea, *Ritorno al passato. Conversazione con James Howard Kunstler,* Edizioni per la decrescita felice, Roma, 2009.
Brown Lester R., *Eco economy. Una nuova economia per la terra,* Editori Riuniti, Roma, 2002 (éd. orig. *Eco-economy: Building an Economy for the Earth,* Earth Policy Institute, 2001).
—, *Piano B3.0. Mobilitarsi per salvare la civiltà,* Edizioni Ambiente, Milano, 2009 (titre orig. *Plan B 3.0: Mobilizing to Save Civilization,* 2008).
Buono Michele e Riccardi Pietro, *Il mondo alla rovescia,* Edizioni per la decrescita felice, Roma, 2010.

Del Moro Franco, *Ultimo avviso prima del collasso,* Ellin Selae, Murazzano (CN), 1997.

Diamond Jared, *Armi, acciaio e malattie,* Einaudi, Torino, 1997 (titolo orig *Guns, germs and steel,* 1997).

—, *Collasso. Come le società scelgono di morire o di vivere,* Einaudi, Torino, 2005 (titre orig. *Collapse - How societies choose to fail or succeed,* 2004).

Fini Massimo, *Il denaro sterco del demonio,* Marsilio, Venezia, 1998.

—, *La ragione aveva torto?,* Camunia, Milano, 1985, Marsilio, Venezia, 2004.

—, *Il vizio oscuro dell'Occidente,* Marsilio, Venezia, 2003.

—, *Sudditi,* Marsilio, Venezia, 2004.

—, *Il Ribelle dalla A alla Z,* Marsilio, Venezia, 2006.

Foer Jonathan Safran, *Se niente importa,* Guanda, Milano, 2010.

Georgescu Roegen Nicholas, *Energia e miti economici,* Bollati Boringhieri, Torino, 1998.

Gesualdi Francesco, *Sobrietà,* Feltrinelli, Milano, 2005.

Godbout Jacques T. et Caillé Alain, *L'esprit du don,* La Découverte, Paris-Montréal, 1992.

Goldismith Edward, *Il Tao dell'ecologia,* Franco Muzzio, Roma, 1997.

Gorz André, *Écologie et liberté,* Galilée, Paris 1997.

—, *Métamorphoses du travail,* Galilée, Paris, 1988.

—, *Ecologica,* Galilée, Paris 2008.

Hawken Paul, *Moltitudine inarrestabile,* Edizioni ambiente, Milano, 2009 (éd. orig. *Blessed unrest,* 2007)

Heinberg Richard, *La festa è finita. La scomparsa del petrolio, le nuove guerre, il futuro dell'energia,* Fazi Editore, Roma 2004 (éd. française : *Pétrole, la fête est finie !,* Éditions Demi-Lune, 2008).

Illich Ivan, *Descolarizzare la società*, Oscar Saggi Mondadori, Milano, 1972 (titre orig. *Deschooling Society*, 1971).

—, *La convivialità*, Oscar Saggi Mondadori, 1978 (titre orig. *Tools for Conviviality*, 1973).

—, *Lavoro ombra*, Mondadori, Milano, 1985 (éd. orig. *Shadow Work*, Marion Boyars Publishers, Londres et New York, 1981).

—, *Nello specchio del passato*, red edizioni, Como, 1992 (éd. orig. *In the Mirror of the Past*, Marion Boyars, London 1992).

—, *Elogio della bicicletta*, Bollati Boringhieri, Torino, 2006 (titre orig. *Energy and Equity*, 1974)

—, *Nemesi medica*, Boroli, Milano, 2005 (titre orig. *Medical Nemesis*, 1976).

Latouche Serge, *L'occidentalisation du monde*, La Découverte, Paris, 1989.

—, *La Planète des naufragés, Essai sur l'après-développement*, La Découverte, Paris, 1991.

—, *La Megamachine*, La Découverte, Paris, 2004.

—, *La sfida di Minerva*, Bollati Boringhieri, Torino, 2000 (titre orig. *Le Défi de Minerve*).

—, *Survivre au développement*, Mille et une nuits, Paris, 2004.

—, *Le pari de la décroissance*, Fayard, Paris, 2006.

—, *Petit traité de la décroissance sereine*, Mille et une nuits, Paris, 2007.

Lovins Amory – Hawken Paul – Lovins Hunter, *Capitalismo naturale. La prossima rivoluzione industriale*, Edizioni Ambiente, Milano, 2001.

Martin Hervé René, *La fabrique du diable. La mondialisation racontée à ceux qui la subissent II*, Éditions Climats, Castelnau-le-Lez 2003.

Mercalli Luca – Sasso Chiara, *Le mucche non mangiano cemento*, Società meteorologica subalpina, Torino, 2004.

Mieli Giuliana, *Il bambino non è un elettrodomestico,* Urra, Milano, 2009.

Norberg-Hodge Helena, *Futuro arcaico. Lezioni dal Ladakh,* Arianna editrice, Casalecchio sul Reno (Bo) 2000 (éd. orig. *Ancient Futures: Learning from Ladakh,* Sierra Club Books, San Francisco, 1991).

Osti Giorgio, *Nuovi asceti. Consumatori, imprese e istituzioni di fronte alla crisi ambientale,* Il Mulino, Bologna, 2006

Palazzetti Mario – Pallante Maurizio, *L'uso razionale dell'energia. Teoria e pratica del negawattora,* Bollati Boringhieri, Torino, 1997.

Pallante Maurizio, *Ricchezza ecologica,* manifestolibri, Roma, 2003.

—, *Un futuro senza luce?,* Editori Riuniti, Roma, 2004.

—, *La felicità sostenibile,* Rizzoli, Milano, 2009.

—, *Decrescita e migrazioni,* Edizioni della decrescita felice, Roma, 2009.

— (sous dir. de), *Un programma politico per la decrescita,* Edizioni della decrescita felice, Roma, 2008.

Pasolini Pier Paolo, *Lettere luterane,* Einaudi, Torino, 1976.

—, *Scritti corsari,* Garzanti, Milano, 2001.

Petrini Carlo, *Buono pulito e giusto,* Einaudi, Torino, 2005.

Petrini Carlo e Padovani Gigi, *Slow Food Revolution,* Rizzoli, Milano, 2005.

Pollan Michael, *Il dilemma dell'onnivoro,* Adelphi, Milano, 2008 (éd. orig. *The Omnivore's Dilemna : a natural history of four meals,* Penguin Press. New York, 2006).

—, *In difesa del cibo,* Adelphi, Milano, 2009, (éd. orig. *In Defense of Food : an eater's manifesto,* Penguin Press, New York, 2008.

Rabhi Pierre, *Du Sahara aux Cévennes,* Albin Michel, Paris, 1983.

—, *L'offrande au crépuscule,* L'Harmattan, Paris, 1989.

—, *Parole de terre,* Albin Michel, Paris, 1996.

Rahnema Majid, *Quand la misère chasse la pauvreté,* Fayard – Actes Sud, Paris, 2003.

Rifkin Jeremy, *Ecocidio,* Mondadori, Milano, 2002.

Rist Gilbert, *Le Développement. Histoire d'une croyance occidentale,* Presses de Sciences Politiques, Paris, 1996.

Ruzzenenti Marino, *L'Italia sotto i rifiuti,* Jaca Book, Milano, 2004.

Schumacher Ernst Friedrich, *Piccolo è bello,* Slow Food Editore, Bra 2010 (éd. orig. *Small is Beautiful,* Blond and Briggs, London, 1973).

Sivini Giordano, *La resistenza dei vinti. Percorsi nell'Africa contadina,* Feltrinelli, Milano, 2006.

Viale Guido, *Governare i rifiuti,* Bollati Boringhieri, Torino 1999

—, *Un mondo usa e getta,* Feltrinelli, Milano, 2000.

—, *Azzerare i rifiuti,* Bollati Boringhieri, 2008.

Viveret Patrick, *Reconsidérer la richesse,* Éditions de l'Aube, La Tour-d'Aigues, 2003.

Wackernagel Mathis e Rees William E., *L'impronta ecologica,* Edizioni Ambiente, Milano, 2000 (éd. orig. *Our Ecological Footprint. Reducing Human Impact on the Earth,* New Society Publishers, Gabriola Island, British Columbia – Canada 1996).

Weizsäcker von E. U. - Lovins A. B. - Lovins L. H., *Fattore 4,* Edizioni Ambiente, Milano, 1998 (titre orig.: *Faktor Vier. Doppelter Wohlstand-halbierter Naturverbrauch*).

Revues et sites Internet en français

Nature & Progrès Belgique : www.natpro.be

Nature & Progrès France : www.natureetprogres.org

Entropia, revue d'étude politique et théorique de la décroissance : www.entropia-la-revue.org

Mouvement politique des objecteurs de croissance en Belgique : www.objecteursdecroissance.be

Mouvement des objecteurs de croissance en France : www.les-oc.info

Grappe, groupe de réflexion et d'action pour une politique écologique : www.grappebelgique.be

Monde qui bouge : www.mondequibouge.be

Colibris, mouvement pour la terre et l'humanisme : www.colibris-lemouvement.org

Les amis de la terre :
(France) www.amisdelaterre.org
(Belgique) www.amisdelaterre.be

L'âge de faire : http://www.lagedefaire.org/

Note de l'éditeur : nous avons livré telle quelle la bibliographie de l'auteur. Seules les références italiennes des ouvrages francophones ont été supprimées au profit des éditions originales françaises. La sélection de sites Internet en français est la nôtre également.

Table

La décroissance en pratique
aux Éditions Nature & Progrès

Dans la série Alimentation :

— Garder les fruits et légumes (Verlaet M. et Delwiche P.)
— Fabriquer soi-même ses fromages bio (Giot F.)
— Du jardin à l'assiette (Lebrun B.)

Dans la série Jardinage :

— Soigner le jardin par les plantes (Delwiche P.)
— La mare (Tallier P.)
— Oignons, poireaux et Cie (Caussin A.)
— Les cultures associées (Pirlet G. et M.)
— Un jardin en ville (Caussin A.)
— Le compost (Barbay-Biebuyck B.)
— Récolter ses propres semences (Adams F.)
— Jardiner selon la nature (Biston J.)
— La serre en bio (collectif)
— Des saisons pour les fleurs (Lesire L. et Sonveaux D.)
— Abris-nichoirs (Dupret J.)
— 36 trucs et astuces au jardin bio (Dupret J.)
— L'arbre fruitier (de Bellefroid F.)

Livre pour enfants :

— Un ragoût pour la terre et Les Krotezurines

Achevé d'imprimer
sur les presses d'IPM
à Bruxelles en août 2013